L'INDICATEUR

DES RUES DE CAMBRAI,

L'INDICATEUR

des

RUES DE CAMBRAI,

ANCIEN ET MODERNE,

Par Ad. BRUYELLE,

MEMBRE DE LA COMMISSION HISTORIQUE DU DÉPARTEMENT DU NORD, ET
BIBLIOTHÉCAIRE-ARCHIVISTE DE LA SOCIÉTÉ D'ÉMULATION DE CAMBRAI.

CAMBRAI,

Imprimerie de Fénélon DELIGNE et Ed. LESNE, Imp.-Lib.
de Son Éminence le Cardinal et de l'Archevêché.

1850.

Extrait des Mémoires de la Société d'Émulation de Cambrai. 1848-1849.

INTRODUCTION.

———

ous dirons en peu de mots, quel a été notre but en publiant ce travail historique sur les rues de Cambrai.

Que de fois en parcourant les voies publiques de la cité, nombre de nos concitoyens, et à plus forte raison nombre d'étrangers à la ville, se sont demandé, en jetant les yeux sur les écussons qui se voient à l'angle de chaque rue, pourquoi ce nom, pourquoi cette désignation ?

C'est donc pour satisfaire à de si nombreux désirs, que nous nous sommes posé en cicerone, prêt à servir de guide à tous ceux qui voudront bien nous accompagner dans la revue rétrospective que nous allons passer des rues, places et carrefours de la vieille cité cambresienne.

Aurons-nous quelquefois réussi à satisfaire leur curiosité ? nous osons l'espérer ; cependant, confessons le bien vite, nous n'avons point la prétention d'avoir dit le dernier mot sur cette partie intéressante de l'histoire locale, plusieurs points sont restés obscurs pour nous ; par exemple, qui nous dira ce qu'était, au XIIIe siècle, la rue de Pipon ou Pipon l'rue, en descendant le mont St.-Géri ? Dans cette voie qui aboutissait au mont Saint-Géri, ainsi qu'elle est désignée, nous n'avons pu reconnaître aucune des rues actuelles qui mènent à la citadelle construite sur cette éminence en 1543. Aussi, serions-nous tenté de croire que cette rue a disparu par la démolition faite à cette époque, de plus de huit cents maisons qui existaient sur les hauteurs de la ville, et dont les matériaux vinrent s'engloutir dans les flancs de la forteresse élevée par Charles-Quint, ce redoutable adversaire de François Ier, qui plus tard, fatigué du poids de sa couronne, devait finir ses jours dans un froid monastère, comme le plus humble et le plus insignifiant sujet du royaume des Espagnes.

Sur les ruines immenses de ces huit cents maisons, on établit l'esplanade de la citadelle, et la vaste place d'armes qui forme le terrain vague situé près du bastion Robert, et qui servit longtemps de champ de manœuvres.

Nous trouvons encore dans ce XIIIe siècle, plusieurs noms de rues dont il nous a été impossible de faire le rapprochement avec les rues actuellement connues. Plusieurs d'entr'elles ont pu également disparaître pour l'érection de la forteresse.

Telles sont : rues le Biekue, Perard de Paillencourt, des Fondeurs, Kokerelmont, Grisiel, Péten-ghier, Vessenghier ou Visenghier, Fulbert, de Marie-le-Sauvaige, de Brebison, de Tournioles, de Hazard, Le Burière ou de Putimuche.

Au XIVe siècle se rencontrent : les rues Emelot de Caudry le Maïeur, du Four-St.-Sépulcre, de la petite Taverne, de l'Espoullemande, et la rue des Murs, *vicus* des Murs *versus Sanctum Vedastum*, c'est-à-dire vers l'ancienne paroisse de St.-Vaast où fut depuis établie la nouvelle église de St.-Géri.

Au XVIe siècle : les rues des Cappitaux, du Luppart, du Petit-Four, des Listes.

Telle est au complet la liste de nos incertitudes. Quelque vieux plan de la ville, comparé au Cambrai actuel, aurait pu nous tirer d'embarras. Il en existe plusieurs de remarquables, parmi lesquels vient en première ligne celui publié dans le *Belgium Hispanicum*, et dont la Société d'Emulation a donné le *fac simile* dans ses Mémoires, tome 17, 2e partie ; mais par un inexplicable oubli, cette carte est muette quant aux noms des rues. Cette omission s'est perpétuée dans tous les plans qui ont été publiés depuis lors jusqu'au siècle dernier.

Le premier arpentage de la ville, dont nous ayons connaissance, remonte à 1516. « En cette année, dit une chronique de Cambrai (Ms n° 907, p. 196), fut mesurée la ville, et l'on trouva qu'elle avait une lieue de circuit. » C'est encore ce qu'elle présente aujourd'hui, 4.000 mètres environ de développement le long de ses remparts, ou une lieue de poste, un peu moins que la lieue du pays ; savoir : entre la porte Saint-Sépulcre et celle de Cantimpré 1,000 mètres ; entre cette porte et la porte de Selles, 850 ; entre la porte de Selles et la porte Notre-Dame 600 ; entre celle-ci et la porte Saint-Sépulcre, 1550.

Il est présumable que cet arpentage, ne consista que dans la levée des remparts, et qu'en conséquence aucun plan de la ville ne put en résulter.

Vient le plan en perspective, du *Belgium Hispanicum*, formé à l'œil, sans proportions rigoureuses, et auquel on doit assigner pour date la seconde moitié du xvi° siècle, époque de la domination espagnole dans nos contrées. L'on voit en effet dans un angle de cette carte, un groupe d'Espagnols armés, s'avancer vers la porte du Saint-Sépulcre. D'un autre côté se montre au château de Selles, la *tour de Croy*, que l'évêque de ce nom y avait fait élever vers 1510, et qui fut abattue dans le siége de 1595, le 4 septembre. A l'est de la ville, on trouve la citadelle, construite en 1543 ; et dans l'intérieur de la cité, on aper-

çoit l'église de Saint-Géri, élevée à la même époque sur l'emplacement de l'église de Saint-Vaast.
De ces diverses observations, on peut conclure
que la date du plan perspectif du *Belgium Hispanicum*, se trouve renfermée dans la période de
1543 à 1595. Avant la première de ces dates, la
citadelle n'existait pas, l'église de Saint-Géri était
au *mont des Bœufs*; en 1595, la tour de Croy n'existait plus.

A une époque plus rapprochée, se présentent
les premiers plans géométriques connus. Avant
1789 (nous ignorons la date) on fit dresser un
plan de masse de la ville, avec la désignation des
établissements publics, religieux, civils et militaires. Par suite de ce travail fut gravé le petit
plan de Cambrai, publié par la maison Berthoud,
et bon encore à consulter de nos jours, pour
l'histoire des monuments religieux, si nombreux
à Cambrai, avant la terrible convulsion de 93.

Cette Carte fut réduite en 1814, et éditée par la
librairie Hurez. On en fit une jolie planche,
encadrée de notices très-succinctes, sur les
monuments détruits, et présentant dans un de ses
angles, une vue de la belle flèche de l'église métropolitaine.

Il existe aux archives de la mairie, un plan-
terrier de Cambrai, établi par M. Adrien Ca-
ron, arpenteur en cette ville, et dressé par ordre

de la municipalité, le 18 vendémiaire an x (2 octobre 1801). Cet arpentage parcellaire, se borna au territoire, à l'exception de la cité. Le 10 septembre 1808, fut ordonnée, par arrêté de M. le Préfet du département, une levée rigoureuse de la ville, et la formation d'un plan sur une vaste échelle (un cinq centième). Ce travail, exécuté par M. Bruyelle père, géomètre, servit de matrice au plan d'alignement, levé en 1819 par M. Aubry Dubochet, autre géomètre de l'arrondissement d'Avesnes.

Vient enfin le cadastre général de la commune et de son territoire, dressé en 1829, par M. Hyacinthe Bruyelle, ouvrage complet et minutieux, qui nous a permis d'établir et de faire graver en 1833, un plan détaillé de la ville, avec une notice historique, due à la plume de notre savant concitoyen, M. Le Glay, maintenant archiviste du département.

En 1847, M. Robiquet, agent-voyer, a fait lithographier un plan réduit de Cambrai, qui présente l'assemblage des rues seulement, avec les monuments publics. La nudité du fond est rachetée par des vues pittoresques des quatre portes de la ville, des deux clochers existants, et de la façade de l'Hôtel-de-Ville.

Cette part, faite aux publications sur la topographie de Cambrai, nous essaierons de reconnaître, au moyen de documents historiques, quelle était l'étendue de notre cité, pendant les premiers siècles de l'ère chrétienne.

Son enceinte était fort restreinte, à en juger par les faits que nous allons décrire, et dont l'authenticité est irrécusable. Elle ne devait comprendre que le *Grand Marché* d'abord, avec son *Flot de Kayère,* sorte de mare d'eau destinée à recevoir les eaux pluviales des hauteurs du mont des Bœufs, la Place-au-Bois, alors le *Pré d'Amour,* plus loin un autre réservoir d'eaux appelé le *Flot Saint Géri,* et quelques îlots de maisons disséminées aux alentours.

Commençant par le nord du Grand Marché, centre présumable de la ville, on trouve qu'avant le IXe siècle, l'abbaye de Saint Aubert était située *extrà-muros,* et que ce ne fut que vers la fin du même siècle, que l'évêque Dodilon, ayant fait entourer de murailles la cité, il en recula en même temps les limites, de telle sorte que l'abbaye de Saint Aubert se trouva renfermée dans l'enceinte urbaine.

A l'est, se voyait le mont des Bœufs et son antique église, élevée par Saint Géri, en l'an 595, avec un monastère primitivement dédié à Saint Michel et à Saint Loup. Le temple de Saint Géri, n'était pas compris non plus dans les murailles de défense, car l'histoire nous apprend que le 28

Décembre 88o, la barbare peuplade du Nord, débordant notre pays, qu'elle livrait au plus terrible carnage, incendia ce monument et le ruina de fond en comble.

Au sud, on rencontrait l'abbaye du Saint Sépulcre, fondée par l'évêque Liébert, en l'an 1063. Dans la charte d'érection, on trouve que ce monastère était situé de même hors de la ville ; et ce ne fut que plus tard, que les murailles s'étendirent aussi de ce côté.

Plus rapproché du centre, vers le sud-ouest, était jadis l'ancienne abbaye de Saint Martin, qui occupait l'emplacement du beffroi actuel. La charte de fondation de l'abbaye du Saint Sépulcre, au XIe siècle, que nous venons de citer, fait connaître en outre que le monastère de Saint Martin était situé dans le faubourg de Cambrai. La ville, de ce côté, dut encore être considérablement agrandie.

Enfin, à l'ouest, s'élevait l'église de Notre-Dame, dont la première érection remontait au VIe siècle, sous l'apôtre Saint Vaast, le premier qui vint apporter le flambeau du christianisme dans nos contrées. Ce monument était bien dans l'intérieur de la ville, mais on doit croire qu'il n'était pas loin d'en former l'extrémité. On rapporte que le 6 Avril 953, les Huns ou Hongrois faisant le siége de Cambrai, tentèrent d'incendier l'église de Notre-Dame, au moyen de traits enflammés qu'ils lançaient sur les toitures. Déçus dans leur attente, parce qu'un clerc nommé Seralde, homme de cœur et d'action, monté sur les toitures, arrachait les traits à mesure qu'on les lançait, ou les éteignait avec de l'eau, ces barbares tournèrent leur rage contre le temple de Saint Géri, qu'ils envahirent facilement, et qui, pour la seconde fois, fut pillé et incendié.

L'église de Notre-Dame était donc à portée des armes de jets, alors en usage; c'est-à-dire la fronde, l'arc, l'arbalète, la baliste et la catapulte. Nous en exclurons cependant la baliste, la catapulte, et même l'arbalète; leur usage annoncerait une sorte de perfectionnement que n'avait point une nation pillarde, vagabonde, dont le débordement semblait avoir pour but de replonger les peuples civilisés, dans les ténèbres de la barbarie. Reste la fronde et l'arc. On sait que la fronde ne servait qu'à lancer des pierres. Quant à l'arc, sa portée ne saurait guère excéder cent pas, d'où l'on peut induire que le mur d'enceinte de ce côté de la ville était peu éloigné de l'église métropolitaine, et que la limite actuelle vers la porte Cantimpré, a dû éprouver aussi une très notable extension.

Le vieux Cambrai ainsi rétabli, nous aborderons des temps moins reculés et nous constaterons ici la division de cette ville en paroisses, dont le nombre s'éleva jusqu'à douze, savoir : paroisses de St. Vaast, St. Gengulphe, St. Géri, Ste. Croix, St. Martin, Ste. Marie-Madeleine, St. Georges, St. Nicolas, St Aubert, Ste Elisabeth, St. Sauveur, St. Louis de la Citadelle.

En 1725, époque où l'on dressa un rôle de capitation de la ville, il n'y avait plus que huit paroisses, composées de la manière suivante :

1° SAINTE-MARIE-MADELEINE. — Rue St.-Jean, derrière le chœur de la Madeleine, petite rue aux Banches, rues Scache-Beuvons, de Saint-Georges, devant Saint-Nicolas, des Lombards, fond de la Madeleine, rues Saint-Jacques en Boulengrie, Neuve, de l'Ange, devant le Marché-au-Bois, rang du Faucon, rue de la Porte-Robert, devant le préau d'Amour, devant la boucherie, rues des Trois-Pigeons, Grande-Chaussée, des Cordiers, des Bouchers.

2° SAINT-MARTIN. — Rues de l'Epée, de l'Aiguille, rang du Lion-d'or, rues des Liniers, des Juifs, des Rôtisseurs, des Balances, des Drapiers, rang de Sainte-Barbe, rues de l'Ange, des Trois-Pigeons, des Viésiers, rang aux Poulets, rue des Fromages, des Haranguières.

3° SAINT-NICOLAS. — Rues Saint-Georges, Saint-Nicolas, de Noyon, Saint-Sépulcre, de la Vierge Marie, des Jésuites, des Boulers, du Questiviez,

des Cygnes, de Vaucelettes, de l'Epée, de l'Aiguille, faubourg de la paroisse.

4° SAINTE-CROIX. — Rang de Rome, rues de
l'Arbre-d'or, des Clefs, Tavelle, des Ratelots, des
Carmes, des Bouchers, coin de la rue de la Porte-
Notre-Dame; vis-à-vis Saint-Géri dans la même
rue; au coin de la rue des Viésiers et de la Porte-
Notre-Dame; rues des Fromages, des Capucins,
de Selles; vis-à-vis la rivière; rues des Bourreaux,
Saint-Eloi, des Arbalètes, Sainte-Anne, des Feutriers, du Trou-d'Enfer, de Cantimpré, de Prémy, des Cygnes; vers Sainte-Croix; rues de Vaucelettes, de l'Epée.

5° SAINT-GÉRI. — Rue Saint-Jean, sur l'Esplanade; derrière la Citadelle; Esgard Cantimpré;
par de-là la rivière.

6° SAINTE-ELISABETH.— Rue des Feutriers; Petit
Marché; Marché-au-poisson; rues Saint Jérôme,
d'Inchy; descendante du Palais; sur la place
Notre-Dame; devant Saint-Aubert; Faubourg de
la paroisse.

7° SAINT-VAAST. — Rue de Ste-Elisabeth, cour
de Ste-Elisabeth, rue des Arbalètes, Marché au
poisson, rue des Capucins, Grand'rue St.-Vaast;
rues des Archers, de la porte Notre-Dame, Ste.-
Agnès, des Waranges, des Blancs-linceuls,
Blanche-nappe, des Corbeaux, de Tille-Wasson,
de St.-Géri; vis-à-vis la croix au Pain; rues de

l'Arbre-d'or, des Pourceaux, Tavelle, St.-Martin, St.-Adrien, faubourg de la paroisse.

8° SAINT-GEORGES.—Rue Saint-Georges, devant le rempart, devant le Dieu de Saint-Georges, rang à Poteries, rue Saint-Jean, Grand'rue aux Banches, rues des Pochonets, des Anges, Faubourg de la paroisse composé des rues Saint-Druon, Saint-Ladre et de Rumilly.

La révolution de 1789, en supprimant les communautés religieuses, amena la fermeture des églises, et la destruction presque générale de ces monuments; dès lors il n'y eut plus de paroisses; mais dans une séance du Conseil général de la commune de Cambrai, tenue le 27 Brumaire an II de la première république, on divisa la ville en quatre sections; savoir :

A. *Section de la Montagne*, « parce qu'elle » renferme effectivement la citadelle qui sera pour » les ennemis, s'ils en approchent, un volcan qui » les fulminera. » C'était probablement les *foudroiera* que voulait dire le citoyen-rédacteur de la délibération.

B. *Section de la Liberté*, « parce que c'est de ce » côté que les premiers cris de la liberté se sont » fait entendre. »

C. *Section de l'Egalité*, « parce que ci-devant » le sans-culotte y vivait dans la plus grande ab- » jection, à côté du noble et du prêtre riche et

» insolent; qu'aujourd'hui ce grand contraste
» n'existe plus, et que la révolution de l'égalité
» y est plus frappante. »

D. *Section de la Fraternité*. « Cette désigna-
» tion convenait aux quatre sections, mais ne
» pouvant la porter toutes, on propose de la
» donner à la section D : elle rappellera le senti-
» ment qui doit unir, non seulement tous les ha-
» bitants d'une même commune; mais même tous
» les citoyens de la république. »

La délibération de nos édiles cambresiens se
terminait par un nouveau baptême, et général,
des rues de la cité. Ces noms seront consignés
dans le cours de notre travail.

Les faubourgs mêmes, reçurent de nouvelles
désignations qui se rapportaient à l'agriculture :
St.-Sépulcre, St.-Druon, St.-Ladre, St.-Roch,
furent appelés faubourgs de la Charrue, de la
Herse, de la Serpe et de la Bêche.

En 1791, on établit deux paroisses constitution-
nelles, connues sous les noms de St.-Géri et de
St.-Sépulcre. Au rétablissement définitif du culte,
elles furent conservées; seulement la seconde fut
appelée Notre-Dame, comme elle l'est encore de
nos jours.

Leur démarcation est celle des justices-de-paix
appelées de l'*Est* et de l'*Ouest*. Cette désignation
tout-à-fait impropre quant à la position géogra-

phique des deux fractions de la ville prises isolé-
ment, et qui accusent le nord et le sud, ne trouve
son explication que par l'agglomération des communes rurales qui composent la circonscription
des deux cantons de Cambrai. La division urbaine
est formée par les rues suivantes : rues Saint-Jean,
des Rôtisseùrs, Tavelle, Quérénain, place Fénelon, grand'rue Fénelon, rues des Feutriers, de
Cantimpré.

Cet indispensable préambule terminé, nous
nous occuperons spécialement de chaque rue
ou place, en suivant l'ordre alphabétique,
seul moyen de rendre les recherches faciles pour
ceux qui auront besoin de consulter notre ouvrage.

LES RUES DE CAMBRAI.

AIGUILLE (*Rue de l'*). — Direction du nord-est au sud-ouest. Prend naissance à la rue des Chanoines, et aboutit à la jonction des rues de l'Epée et du Grand-Séminaire. Longueur 103 mètres, largeur 5 mètres.

Avant la première révolution, les couturières de la ville, voulant se former en corporation, à l'exemple des corporations d'hommes pour les divers métiers, se fixèrent dans le même quartier où elles établirent des maisons de couture. De-là serait venu le nom de rue de l'Aiguille.

Dans cette rue se trouve le *Béguinage de la Madeleine,* fondé par Antoine Carron et Jeanne Boileux, en faveur de onze pauvres vieilles filles. Les béguines ont le logement gratuit, et prennent part aux distributions de secours du bureau de bienfaisance, en soupe, linge et médicaments.

— 2 —

ALARME *(Impasse de l')*. — Se dirige du sud-ouest au nord-est. Est une allée étroite et couverte, sur laquelle les maisons voisines ont des issues. Ouvre sur la rue des Fromages, et va joindre l'hôtel de la *Fontaine-d'Or*, dont l'entrée est située rue de l'Arbre-à-Poires. Longueur, 37 mètres ; largeur, 1 mètre environ.

Ce passage est nommé dans de vieux titres, impasse des *Larmes*, et dans un plan de Cambrai, au XVIIIᵉ siècle, impasse de la *Harpe*. En 1793, il fut appelé rue du *Bonheur*.

— 3 —

ANGE *(Rue de l')*. — Direction, nord-ouest au sud-est. Communique de la place d'Armes à la place-au-Bois. Longueur, 45 mètres; largeur, 12 mètres.

Cette rue n'est pas antérieure à 1581, époque où Jean Tranchanlt, *hôte de l'Epervier*, établi devant St-Martin, fit bâtir sur l'emplacement du *flot de Kayère*, l'îlot de maisons qui s'étend jusqu'à la rue des Trois-Pigeons.

Elle fut appelée rue de l'Ange, à cause d'un hôtel de diligences qui s'y voyait jadis, et qui avait un *Ange* pour enseigne. En 1793, on la nomma rue du *Génie-Français*.

— 4 —

ANGES *(Rue des)*. — Direction principale, du sud-est au nord-ouest. Fait suite à la Grand'rue aux-Banches, et aboutit à la rue du petit Séminaire. Longueur, 96 mètres ; largeur, 6 mètres.

Nommée dans des titres de 1280 et 1409, *Vicus asinorum*, ou rue des Anes. Elle menait au *Mont des Bœufs*, et tenait à la rue *Scache-Beuvons*. En 1770, on l'appela rue des Anges, et en 1793, rue de l'*Amitié*.

La maison située au coude que fait cette rue, vers celle

des Pochonets, était connue au siècle dernier, sous le nom de *Maison de St-Adrien*. Ce fut depuis, l'imprimerie de MM. Lesne-Daloin et fils.

A la naissance de la rue contre le petit Séminaire, existait un puits, dit le *Puits Kabrin*, dans un dénombrement de la mairie de St-Sépulcre, du mois d'août 1409.

— 5 —

ANGLAISES * *(Rue des).*— Elle se dirige sur un plan assez incliné, du nord-ouest au sud-est, formant le prolongement de la rue St-Géri, pour se joindre à la rue de Selles. Longueur, 230 mètres ; largeur moyenne, 10 mètres.

Tient son nom du *Couvent des Anglaises*, auquel nous devrons consacrer quelque lignes :

Sous le règne de Jacques 1er, roi d'Angleterre, après la conspiration des poudres, qui amena la réforme du culte dans ce pays, et força nombre de familles catholiques.romaines à s'en expatrier, des bénédictines anglaises se rendirent à Cambrai pour y fonder un monastère de leur ordre.

Cette pieuse association fut autorisée par l'archevêque Vander-Burch, le 6 octobre 1622, et ensuite par le magistrat de la ville, le 17 mai 1623.

A la révolution, les bénédictines anglaises furent dispersées, et leur cloître servit de prison aux victimes dont le sang devait bientôt rougir la place de Cambrai. Depuis, il a été converti en une brasserie et diverses habitations particulières.

Dans la rue des Anglaises, sont situés trois béguinages

---

* Nous marquerons d'un *astérisque*, les *rues-routes*, qui dépendent de la grande voirie, c'est-à-dire de l'administration des ponts-et-chaussées.

destinés à loger gratuitement de pauvres femmes vieilles,
mais dont les facultés leur permettent encore de travailler
un peu à gagner leur vie. Les hôtes de ces refuges, outre
des secours mensuels en argent, ont part aux distributions
en nature que fait le bureau de bienfaisance.

1° *Béguinage St-Vaast*, fondé en 1636, par Marie Laloux,
en faveur de quatorze pauvres filles qui reçoivent chacune,
annuellement, la valeur d'un mencaud et demi de blé, aux
termes de l'acte d'institution.

2° *Béguinage St-Nicolas*, fondé en 1677, par Jacques
Polman, chanoine de la métropole, pour huit autres vieilles filles. La rétribution s'élève à 15 francs.

3° *Béguinage St-André*, institué le 25 octobre 1826, par
André Duroyon, pour loger six pauvres vieilles filles ou
femmes sans enfant à leur charge. Elles ont droit chacune
à un secours de 18 francs et six mencauds de blé, répartis
mensuellement.

Auprès du béguinage St-Vaast, était située la *Maison des
Orphelins* qui s'étendait jusqu'à la rue actuelle des Bleuettes
et le rempart. La maison des orphelins fut réunie en 1754,
à l'hospice général établi rue Ste-Elisabeth.

Entre les maisons, numéros 56 et 58, de la rue des Anglaises, est un passage voûté, qui mène au *Carré de Paille*,
très vaste terrain avec constructions, aboutissant au rempart et à la porte de Selles. Tout-contre la *Glacière* de la
ville, s'élève la caserne du *Carré de Paille*, bâtie en 1601,
par les Espagnols. Vis-à-vis, se rencontre l'ancien magasin aux tourbes, élevé en 1755, par les états du Cambresis.
Auprès, se voit une sorte de grange, où sont remisés les
chars qui figurent dans l'antique marche de la fête communale.

Pendant la première révolution, la rue des Anglaises prit
momentanément le nom de rue des *Purifiées*.

— 6 —

ARBRE A POIRES * (*Rue de l'*). — Direction, à peu près de l'est à l'ouest. Forme la continuation de la rue de la porte Notre-Dame, et se termine à la grand'rue Vander-Burch. Longueur, 175 mètres; largeur moyenne, 11 mètres.

A l'Arbre à poires : telle était jadis l'enseigne d'une auberge de cette rue qui en a conservé le nom. Peut-être aussi, lui reste-il, d'un poirier qui y aura subsisté précédemment comme naguères encore l'on voyait des ceps de vignes orner la facade des maisons.

Lors de sa rentrée en France, le 25 juin 1815, le roi Louis XVIII séjourna à Cambrai, et prit ses logements dans un vaste hôtel de cette rue, propriété d'une famille fort connue pour son dévouement à la cause du royal exilé. Les magistrats de la cité, voulant perpétuer le souvenir de cette faveur insigne, firent incruster dans l'une des parois extérieures de cette maison, un marbre noir avec cette inscription gravée en lettres d'or, et qui fut placée au premier anniversaire de la Restauration :

« *Ludovicum* EXOPTATUM
» *Ad suos iterum reducem*
» *Urbs Cameracensis,*
» *Fervidâ populi lœtitiâ,*
» *Prima felix intra muros recepit,*
» *Die 26 à Junii,*
» *Posteàque triduó his œdibus tenuit*
» *Anno Domini* 1815. »

Cette pierre fut brisée après la révolution de 1830. Il n'en reste que le souvenir, et le procès-verbal authentique, domaine de l'histoire.

En 1793, bien que le nom de l'Arbre à Poires ne rappelât aucun souvenir féodal ou religieux, il fut changé contre celui de la *Frugalité*.

— 7 —

ARBRE D'OR (*Rue de l'*). — Direction, du nord-ouest au sud-est. Fait suite à la rue St-Aubert, et débouche à la place d'Armes. Longueur, 94 mètres ; largeur moyenne, 8 mètres.

Cette rue a conservé le nom de l'enseigne d'une maison de commerce, dite à l'*Arbre d'or*, et qui s'est perpétuée jusqu'à nos jours. On l'appelait plus anciennement rue des *Maseaux*, (de *Macellum* boucherie). Il paraîtrait qu'avant la construction des grandes et petites boucheries au XIVe siècle, on permettait à la corporation des bouchers, d'exposer la viande en vente dans leurs domiciles, comme cela se fait encore depuis quelques années.

On trouve dans la rue de l'Arbre-d'Or, maison n° 8, une ancienne chapelle souterraine remarquable par sa construction, que les archéologues font remonter au XIVe siècle.

En 1793, on appela la rue de l'Arbre-d'Or, rue de l'*Arbre de la Liberté*, nom peu justifié, puisque ce *symbole* était établi assez loin, sur la Grand'Place, vers les rangs des Drapiers et du Lion-d'Or.

— 8 —

ARMES (*Place d'*) ou Grand-Marché. — C'est la plus vaste des places publiques de la ville. Elle présente, en superficie, 15,000 mètres carrés, ou un hectare 50 ares. La figure en est peu régulière, et, fâcheusement, la façade de l'Hôtel-de-Ville, qui devrait en faire l'ornement, se trouve reléguée dans un angle, à l'endroit même ou la place offre le moins de largeur.

Cette mauvaise disposition de la Grand'Place, pourrait en partie s'expliquer par la nature même du terrain sur lequel

elle est assise. L'on sait que sous le sol Cambresien s'éten-
dent d'immenses carrières dont l'origine est assurément plus
ancienne que la ville. L'on sait encore que ces voies souter-
raines, exploitées dans des temps si loin de nous, n'existent que sous les rues les plus importantes, c'est-à-dire les
plus larges et les plus longues, et surtout sous les places
publiques.

Les recherches auxquelles nous nous sommes particuliè-
rement livré, nous ont permis de constater que, les constructions d'habitations ont toujours été élevées, sauf de
rares exceptions, sur le terrain ferme, tandis que les en-
droits vides ou réservés, renferment dans leurs flancs des
abîmes dont il est difficile de se faire une idée sans y avoir
pénétré.

Serait-il donc déraisonnable de penser que les îlots de
maisons qui s'échelonnent d'une manière si choquante,
dans la partie Est de la Grand'Place, ont été élevés afin
d'utiliser des terrains fermes, seuls propres aux constructions et par conséquent des terrains précieux, tout-à-fait au
centre des affaires commerciales ? Cette réflexion, que nous
faisons en passant, mériterait peut-être d'être approfondie.

Les diverses lignes d'enceinte de la place d'Armes, ont
reçu les noms suivants :

1° *Rang du Nord* ou *aux Poulets* et de l'*Hôtel-de-Ville*. *
— Ainsi nommé à cause de sa situation au nord, et du marché à la volaille qui s'y tient régulièrement. Il prend naissance à la rue des Fromages, et s'étend jusqu'à la rue de la
Prison. Les diverses habitations qui le composent, formaient
anciennement le fief de la feuillie, dont le bailli avait pour
charge de rechercher et de poursuivre tous les délits, de
juger en outre les infractions aux réglements des divers
corps-de-métiers. La maison-de-ville forme ensuite le pro-

longement de ce rang jusqu'à la rue des Trois-Pigeons. Longueur totale développée dans ses sinuosités 144 mètres.

On ne connaît pas l'époque de la première érection de l'Hôtel-de-Ville, autrefois appelé *Maison-de-Paix* ou *Chambre-de-Paix*, mais il en est question dès le XIIᵉ siècle, et l'on sait que Pierre André, soixantième évêque de Cambrai, le fit reconstruire en 1364. Il fit établir en même temps la *bretèque*, sorte de tribune où se faisaient les publications du magistrat. La bretèque fut renouvelée en 1561.

En 1544, l'on adossa à l'Hôtel-de-Ville, une chapelle, achevée seulement en 1548, et dédiée à St-Sébastien. Elle a été supprimée depuis, et remplacée par d'autres constructions.

La façade de la maison-de-ville fut rétablie en 1510 et en 1544, puis en 1786, telle qu'elle est actuellement, moins une restauration ordonnée en 1838. Au dessous du fronton on voyait une statue en cuivre, d'un homme à genoux, *priant merchy à la justice...* Elle avait été posée en 1550, par Jean de Bove, bailli de Marcoing, en réparation d'une exaction par lui commise, en faisant arrêter un bourgeois de Cambrai, nommé Jean de Tournay.

En 1511, l'on mit une cloche au-dessus du fronton, et en 1512, une horloge. La cloche fut cassée en 1677, et refondue en 1690. L'horloge fut remplacée en 1839. Quant aux deux statues mauresques nommées *Martin* et *Martine*, qui s'élèvent aux deux côtés de la campanille, pour frapper l'heure sur la cloche, on ignore l'époque de leur établissement. Ils existaient déjà sous Charles-Quint, puisque ce monarque en ordonna la restauration.

Un passage couvert, pris dans l'Hôtel-de-Ville même, conduit à la halle, dont l'érection fut autorisée par un acte de Rodolphe, roi des Romains, daté du mois de juin 1284.

Au siècle suivant, il y eut des grandes halles couvertes, une halle au lin, et une halette aux draps.

Les divers locaux de l'Hôtel-de-Ville sont occupés par les salons de la mairie, les bureaux d'administration de la ville, les tribunaux de première instance, de paix et de commerce, et toutes leurs dépendances. Dans une salle basse donnant entrée sur le passage des halles, a été tout récemment établi un musée, destiné à conserver les divers objets d'arts appartenant à la ville et disséminés jusqu'alors. Sous cette salle était autrefois la cave à l'eau-de-vie. A l'autre extrêmité du monument, se trouve le corps de garde de la place. Au-dessous était la cave à la bierre, qui donne accès à une carrière d'une assez grande étendue.

Dans la cour des halles sont les bureaux de l'octroi, son entrepôt, et les bureaux de l'état-major de la garde nationale.

En face de l'Hôtel-de-Ville se trouve l'*Arbre de la liberté*, planté le 16 avril 1848, en souvenir de la république récemment proclamée.

2° *Rang du Puits-à-Chaînes*. — Tient son nom du puits dans lequel on a établi depuis quelques années un corps de pompe. Il s'étend de la rue des Trois-Pigeons à la rue de l'Ange, sur une longeur totale de 36 mètres.

La choque de maisons qui forme le rang du Puits-à-Chaînes a été bâtie depuis 1785, sur l'ancien *flot de Kayère*, sorte de mare d'eau fort profonde qui séparait le Grand-Marché d'avec le *Pré d'amour*, aujourd'hui la Place-au-Bois. Les premières constructions dataient de 1581. Elles avaient été élevées par Jean Tranchanlt, hôte de l'*Epervier*, dont l'auberge était située vis-à-vis St-Martin.

Le *flot de Kayère* existait très anciennement. Il en est question dans la transaction passée le 8 octobre 1354, en-

tre l'évêque de Cambrai et les échevins, pour la construction du *maisiel commun*, appelé depuis la grande boucherie.
Le *flot de Kayère* tenait son nom de la chaise d'infamie
qu'on y avait élevée pour l'exposition des criminels. On faisait monter les délinquants, dit une chronique de Cambrai,
« *pour les assauriller ou bailler le fouet marqué de l'aigle,* »
c'est-à-dire aux armes de la ville.

Le marché au poisson d'eau douce se tient vis-à-vis le
rang du puits à chaînes. Les étaux au poisson de mer sont
un peu plus loin, vers l'Hôtel-de-Ville.

Le rang du puits à chaînes fut appelé pendant la révolution, *rang du Glaive*, à cause de l'instrument sanglant qui
y fut en permanence durant la terreur de 1793.

3° *Rang de l'Ange.* — Tient son nom de la rue de l'Ange
dont il forme le prolongement sur une longueur de 37 mètres.

Vis-à-vis ce rang se tient plusieurs fois la semaine, le
marché aux œufs, au beurre et au fromage.

4° *Rang Ste-Barbe.* — Du nom de l'hôtellerie de *Ste-
Barbe* qui existait autrefois, et remplacée de nos jours, par
un magasin d'épicerie et une boulangerie qui porte toujours
une Ste-Barbe pour enseigne. Ce rang présente une longueur
totale de 48 mètres, et joint le rang de l'Ange à la rue des
Balances. Il fut, en 1793, appelé *rang des Spartiates*.

5° *Rang de la Cloche.* — Il fait face à la cloche de l'Hôtel-
de-Ville, et s'étend depuis la rue des Balances jusqu'au
rang des Drapiers, sur une longueur de 37 mètres.

Nommé, en 1793, rang du *Commerce*.

6° *Rang des Drapiers.* — Des nombreux marchands de
draps qui y ont résidé de tout temps. Son étendue est de
52 mètres, à partir de l'extrémité du rang de la Cloche
jusqu'à la rue des Rôtisseurs. Le rang des Drapiers a conservé

son nom pendant la révolution. C'est vers cette partie de la place que l'on mit, à la même époque, un *arbre de la liberté*, malheureux arbre planté dans un sol pierreux et qui jamais n'a pu y porter verte feuille. Près-de-là était l'*autel de la patrie* où s'exhibait le culte *de la Raison*.

On trouve, à la maison n° 51, l'entrée de la plus vaste des carrières qui existent sous la Grand'Place et sous la ville même. Cette immense excavation mérite d'être visitée comme type des souterrains de Cambrai.

7° *Rang du Lion-d'Or*. — De l'enseigne du Lion-d'Or qui se voit encore de nos jours, et qui surmontait jadis un hôtel connu sous le nom du Lion-d'Or. Cette habitation s'écroula le 19 juillet 1579 , avec un horrible fracas; vingt personnes furent victimes de cette catastrophe.

Le rang du Lion-d'Or s'étend depuis la rue des Liniers jusqu'à la grand'rue St-Martin, sur une longueur de 48 mètres, et tourne ensuite, à angle droit, se dirigeant sur la rue Tavelle, par un développement de 36 mètres.

Ce rang fut appelé *du Midi* pendant la révolution.

8° *Rang de Rome*. * — Ce rang était déjà connu sous le nom de la Maison de Rome, au XVIᵉ siècle. On voit dans une chronique de Cambrai, qu'en l'année 1581, François Wanquetin, bailli de Cambresis, et plusieurs autres hommes de fiefs, présentèrent au magistrat, une requête pour l'exécution d'un nommé François Martin, naguère bourgeois de la cité, et condamné pour *meurtre , larchin et autres maléfices , à être rompu sur une croix , sur un hour*, au marché de cette ville , devant la *Maison de Rome*.

Cette maison devint, au siècle suivant, une imprimerie tenue par Nicolas Douillet, sous l'enseigne *à la Bible de Rome.* Elle fut plus récemment occupée par M. Lesne-Daloin , de même imprimeur.

Le rang de Rome s'étend de l'angle de la rue Tavelle à celui de la rue de l'Arbre-d'Or, sur une longueur de 73 mètres.

Il fut, en 1793, appelé rang des *Romains*.

9° *Rang de la Croix aux Pains.* * — Tire son nom de la croix anciennement établie vis-à-vis, et vers l'angle de la rue des Maseaux, actuellement rue de l'Arbre-d'Or. On l'appelait Croix aux Pains parceque les marchands pannetiers venaient y vendre aux passants.

Un peu plus loin, vers le centre de la place était la *Capelette*, fondée le 24 mars 1382, et construite l'année suivante par l'évêque Jean T'Serclaes, des deniers de Jean de Tournay, chanoine de Notre-Dame. On y disait la messe au point du jour, pour les ouvriers et les voyageurs.

Cette chapelle dédiée à St-Etienne, fut détruite à la révolution, de la main d'un nommé Martin, horloger, qui, pour cette œuvre méritoire à cette époque, reçut le surnom de *Martin-Capelette*.

Le rang de la Croix aux Pains s'étend du coin de la rue de l'Arbre-d'Or à celui de la rue des Fromages, sur une longueur de 28 mètres.

Il fut appelé, en 1793, rang *de l'Industrie*.

— 9 —

BALANCES (*Rue des*). — Direction du nord-est au sud-ouest. Communique de la place d'Armes à la rue des Rôtisseurs. Longueur 60 mètres, largeur 7 mètres.

Cette rue tient son nom d'une ancienne auberge portant pour enseigne une *balance*.

— 10 —

BANCHES (*Grand'rue aux*). — Sa direction est du sud-ouest au nord-est. Fait suite à la rue des Anges et se termine à la rue aux Fumiers. Longueur 155 mètres, largeur moyenne 9 mètres.

Le mot *Banche* appartient au vieux langage, et signifie *boutique, étude de notaire*. C'était donc la rue *aux boutiques* ou *aux études de notaires*. Ce nom paraît singulier aujourd'hui que la rue est peu fréquentée ; mais il n'en fut pas toujours ainsi. Avant la suppression de la porte Neuve, en 1677, c'était un lieu de passage, qui servait de débouché à la Place-au-Bois, de sortie et d'entrée pour les habitants des faubourgs St.-Druon, St. Ladre, et des villages qui avoisinent la route de Guise.

Dans cette rue se trouve le *petit béguinage St-Georges*, institué pour six pauvres vieilles femmes, qui ont le logement gratuit, et prennent part aux secours en nature que distribue le bureau de bienfaisance.

En l'an 2 de la république, la Grand'rue aux-Banches fut appelée rue des *Vieillards*.

— 11 —

BANCHES (*Petite rue aux*). — Rue étroite et de peu d'importance, qui se dirige du sud-est au nord-ouest ; elle prend naissance à la jonction de la Grand'rue aux-Banches et de la rue aux Fumiers, et va déboucher à la rue du Petit Séminaire. Longueur 74 mètres, largeur moyenne 5 mètres. (Voir Grand'rue aux-Banches.)

On l'appelait en 1409, rue d'*Aubencheul*, et en 1793, rue de l'*Amour filial*.

— 12 —

BELLOTTES (*Rue des*). — Petite rue forte étroite, prenant naissance à la Place-au-Bois, pour déboucher sur la rue des Rôtisseurs, et qui ne permet pas aux voitures de s'y engager, Direction, sud-ouest au nord-est. Longueur 88 mètres, largeur moyenne 3 mètres.

Ainsi nommée de certains établissements qui rappellent le voisinage de l'ancien *préau d'amour*, et que la morale publique voudrait voir reléguer dans un quartier moins au centre de la population.

Ce fut sans doute par antithèse que pendant la première révolution on l'appela rue *de la Vertu*.

— 13 —

BLANCS-LINCEULS (*Rue des*). — Direction du sud au nord. Forme la continuation de la petite rue St.-Vaast, et aboutit à la rue des Anglaises. Longueur 79 mètres, largeur 7 mètres.

Le nom de Blancs-Linceuls est connu dès l'an 1542.

Dans un plan de Cambrai antérieur à 1789, cette rue est appelée des *Blanches-nappes*, et le premier nom est attribué à la petite rue St.-Vaast. L'un et l'autre de ces noms font connaître que la rue fut autrefois spécialement habitée par les blanchisseuses de linge.

A la révolution, la rue des Blancs-Linceuls fut appelée rue de *Brutus*, du fier républicain, rendu célèbre par sa conspiration contre César. La rue des Blanches-nappes prit le nom de rue de *Mably*. Ce dernier était un écrivain, natif de Grenoble, renommé au XVIIIe siècle, auteur de plusieurs ouvrages d'histoire et de politique, entr'autres du *Parallèle des Romains et des Français*, publié en 1743 et des *Droits et des devoirs du Citoyen*.

— 14 —

BLEUETTES (*Rue des*). — Elle prend naissance à la jonction des rues de St.-Géri et des Anglaises, et se dirige de l'ouest à l'est, sur une longueur de 54 mètres, et une largeur moyenne de 4 mètres, pour aboutir au rempart.

Cette rue s'appelait anciennement *des Orphelines*, à

cause de l'établissement des orphelins et des orphelines qui en occupait tout un côté, et s'étendait assez loin dans la rue des Anglaises.

Depuis, elle a pris le nom des Bleuettes. On entend à Cambrai, par *Bleuets* et *Bleuettes*, les enfants trouvés et abandonnés, c'est-à-dire, les enfants de l'Hospice général.

La maison des orphelins renfermait les enfants des deux sexes confiés aux soins d'un surveillant marié.

En 1694, Pierre de Beugnies, ancien échevin de Cambrai, légua tous ses biens à cette charitable institution, à l'effet, dit son testament : « *de bâtir une maison particulière pour les filles orphelines*, où, sous la conduite de deux maîtresses, elles seraient enseignées à la foi catholique, et apprendraient à lire, écrire, coudre et filer, et tout ce qui serait nécessaire pour les rendre capables d'entrer en condition. »

Les orphelins et les orphelines ont été réunis à l'Hôpital général de la charité, par lettres patentes du mois d'avril 1754.

— 15 —

BOIS (*Place au*). — Superficie 12,500 mètres carrés ou 1 hectare 25 ares.

Les observations que nous avons faites à propos de la place d'Armes, peuvent s'appliquer aussi en partie à la Place-au-Bois, qui est presqu'entièrement excavée. Il est constant que sauf de rares exceptions, nos pères ont eu la prudence de n'élever aucune construction importante au-dessus des carrières ; ainsi s'expliquerait naturellement pourquoi il existe deux places aussi rapprochées et toutes deux de forme peu régulière.

Naguère, la Place-au-Bois n'était pavée qu'en partie ; le reste était en herbages, et formait le *Pré* ou *Préau d'amour*,

4

lieu où venaient, la nuit tombante, s'ébattre les *soudards* et les *ribaudes*. Cet endroit est mieux famé de nos jours, et l'on peut sans crainte, traverser le soir, la plantation d'arbres qu'on a établie dans le plus vaste des deux parallélogrammes.

Ce nom de Place-au-Bois, fait connaître assez quelle était sa spécialité. L'on y vendait le bois de chauffage qui formait jadis une branche d'industrie assez considérable dans le pays ; mais le défrichement continuel des bois qui couvraient la contrée, a réduit ce commerce, à Cambrai, à peu près à la vente du charbon de bois.

Sur la Place-au-Bois se tiennent le marché aux chevaux, qui a lieu le vingt-quatre de chaque mois, et le marché aux porcs et aux vaches.

C'est aussi sur cette place que se font les ventes mobilières par ordre de justice.

L'on a donné à la Place-au-Bois les divisions suivantes :

1° *Rang des Boucheries.* — Ainsi nommé des grandes boucheries, vaste construction en bois, bâtie en 1353 ou 1354. Les Cambresiens en avaient jeté les fondations sur la Place-d'Armes ; mais l'évêque s'y opposa, et il fut décidé que le *maisiel commun* (de *macellum,* boucherie), serait érigé entre l'hôpital St.-Jacques-au-Bois et l'entrée du flot de kayère, à la condition expresse qu'il serait fait à « *un comble seulement, sans celier ni loge, sans qu'on put jamais ajouter aucun autre édifice ou forteresse, sans qu'on put jamais y mettre ni cloque ni cloquier.* »

Depuis quelques années, les bouchers ayant été autorisés à débiter la viande chez eux, les étaux des grandes boucheries furent supprimés. Plusieurs parties du bâtiment servent pour le poids public de la ville, pour le dépôt des pompes à incendie, et pour le magasin d'artillerie de la garde nationale. Longueur 54 mètres.

2° *Rang des Écoles chrétiennes*. — Tient son nom des *Écoles des frères de la doctrine chrétienne* qui y furent établies le 15 août 1816. Ces écoles ont été transférées, depuis 1823, dans l'ancien collége communal formé d'une partie de l'hôpital St.-Jean. Elles ont été remplacées par l'*École communale de dessin*, et enfin par une *Salle d'asile* pour les jeunes enfants, ouverte le 29 janvier 1839.

C'était auparavant l'*École dominicale* ou *grande école des pauvres*, fondée en 1626, par l'archevêque Vander-Burch, et ouverte le 24 août de la même année.

Le rang des Écoles chrétiennes va joindre la rue de l'Épine-en-pied, sur une longueur de 38 mètres. En 1793, il fut appelé rang de l'*École nationale*.

3° *Rang des frères Marsy*. — Du nom de deux sculpteurs célèbres de Cambrai : Balthazar Marsy, né en cette ville en 1620, et mort en 1674; son frère Gaspar, moins âgé de deux ans, et mort en 1679 ou 1681. Ces deux artistes travaillèrent ensemble à un grand nombre de sculptures et bronzes très remarquables, et dont on trouve la nomenclature dans toutes les biographies. Nous citerons cependant les ouvrages suivants conservés au jardin de Versailles : Les figures du *Dragon*, de *Bacchus* et de *Latone*, les *deux Tritons abreuvant les chevaux du Soleil au bassin d'Apollon*.

Le rang des frères Marsy commence à la rue de l'Épine-en-pied, et finit à la rue St.-Jean. Longueur 122 mètres.

4° *Rang neuf* ou *de la Madeleine*. — Appelé ainsi parce qu'il est formé de constructions encore récentes, élevées sur l'emplacement de l'église de Ste-Marie-Madeleine, détruite à la révolution de 1789.

Le rang neuf fait suite à la rue des Rôtisseurs et aboutit à la rue St.-Jean, sur une longueur de 50 mètres.

5° *Rang de Pierre de Francqueville.* — Du nom d'un habile statuaire, né à Cambrai en 1548, d'une famille noble que l'on croit originaire d'Espagne. Il fut élève du célèbre Jean de Bologne, qui résidait alors à Florence (1573), lequel fut lui-même élève de Michel-Ange. Le bruit de la réputation que se forma Pierre de Francqueville, en Italie, détermina, en 1601, le roi de France Henri IV, à l'attirer à Paris; il le fit loger au Louvre, et le nomma son premier sculpteur.

Sur ce rang, on trouve l'*Hôtel de l'Europe*, précédemment du *Grand Canard*. Dans les caves de cette habitation existe la majeure partie d'une chapelle souterraine, très remarquable, et dont on peut faire remonter l'érection au XIV° siècle.

Le rang de Pierre de Francqueville, formait, avec le rang des Frères Marsy, la rue de la Madeleine, parce qu'elle aboutissait à l'église paroissiale de ce nom. C'était plus anciennement la rue des Charpentiers, jadis habitée par les gens de cet état. Longueur 83 mètres.

6° *Rang de la Bombe.* — De l'ancien *Hôtel de la Bombe* qui y existe toujours, et tristement célèbre dans les annales cambresiennes. Tous les chroniqueurs ont parlé de cette peste qui, en 1683, fit à Cambrai et dans quelques villages environnants, huit mille victimes. Cette cruelle épidémie fut apportée dans nos murs par des cavaliers espagnols, venus d'Arras et descendus à l'hôtel de la Bombe. Tel fut l'effroi causé par la maladie, que le Magistrat de Cambrai dut forcer les convalescents à porter à la main une baguette blanche, afin que chacun pût les reconnaître de loin et éviter leur approche. Le rang de la Bombe va joindre la rue de l'Ange, sur une longueur de 104 mètres.

7° *Rang de la Comète.* — Tient son nom d'une enseigne

qui se voit encore au-dessus de la porte d'un estaminet-auberge. Il fait suite à la rue Neuve, et s'étend jusqu'à la rue des Carmes, sur une longueur de 47 mètres.

— 16 —

BOUCHERS (*Rue des*). — Direction du sud au nord. Prend naissance à la rue de la Herse, et va joindre la rue des Cordiers, contre le rempart de la ville. Longueur 153 mètres, largeur à sa naissance rue de la Herse 4 mètres, à l'extrémité 8 mètres.

Le nom de cette rue rappelle qu'elle a été habitée par le corps des bouchers de notre ville. Mais depuis l'érection de l'abattoir communal et la suppression des boucheries publiques, les marchands bouchers ayant généralement transporté leurs établissements dans les rues commerçantes, la rue des Bouchers a vu changer ses locataires. Elle est occupée aujourd'hui par les *noretiers* ou éleveurs de vaches et de moutons, qui ont utilisé les constructions propres aux bestiaux.

En 1621, les bouchers de Cambrai s'étant ligués pour faire supprimer l'*impôt des bêtes*, refusèrent de vendre *chair à la boucherie*, la cour du bailliage les condamna tous à comparaître « à huits ouverts, testes nues, genoux flé- » chys, mains jointes et y prier merchy à Dieu et à justice, » avec un cierge en main et à le porter autour de la Cha- » pelette du marché, et puis de le rapporter à la chape- » lette de la chambre de paix. » Ils payèrent en outre une amende de 600 livres, qui furent employées à la confection d'une grande peinture, représentant lesdits bouchers faisant amende honorable aux échevins.

— 17 —

CAILLE * (*Rue de la*). — Direction du nord-est au sud-ouest. Prend naissance à la gand'rue Vander-Burch, et va joindre la rue des Clefs établie dans son prolongement. Longueur 53 mètres, largeur 7 mètres.

Tient son nom d'une auberge qui s'y voyait naguères, et qui avait une enseigne représentant une caille des champs. Il est écrit en 1242 : *Vicus de Calcaiâ.*

A l'époque où l'évêque Jacques de Croy fit son entrée solennelle à Cambrai, le 9 juin 1507, cette rue s'appelait des *Pourceaux.*

En 1793, ce nom fut changé contre celui de *Socrate,* le vertueux philosophe d'Athènes, qui vivait 470 ans avant Jésus-Christ.

— 18 —

CANDILLONS (*Rue des*). — Direction de l'est à l'ouest. Communique de la rue des Capucins à la rue St.-Lazare. Longueur 102 mètres, largeur 5 mètres.

Appelée rue des *Candillies* en 1305, de *Cantillon* en 1540, puis des *Bourreaux*, et enfin des Candillons. En 1793, elle fut nommée rue de *Franklin*, l'un des bienfaiteurs de l'Amérique, à la fin du siècle dernier.

Dans la rue des Candillons se trouve un petit passage formé de quelques maisonnettes, et appelé *Cour de la tranquillité.*

— 19 —

CAPUCINS * (*Rue des*). — Cette rue est assez étendue ; elle se dirige du sud-ouest au nord-est, sur une longueur de 285 mètres, et une largeur moyenne de 11 mètres.

S'appelait anciennement (1581) *Anvers'rue*, mais elle prit le nom des *Capucins,* lorsque ces religieux vinrent s'y établir en 1586.

En 1611, le Magistrat de Cambrai permit aux pères Capucins d'agrandir leur jardin en y intégrant une partie de waréchaix ou terrain vague. Cette extension les mit à même d'élever une église dont la consécration par l'archevêque Buisseret, eut lieu le 26 avril 1615, année même de la mort de ce prélat.

Le cloître des capucins a été supprimé en 1793, et la rue fut momentanément appelée de *Mirabeau*, puis *ci-devant Mirabeau*, rue de *Lepelletier*, ce fameux renégat politique qui, après avoir défendu ardemment la cause de la noblesse, changea tout à coup de système, suivit le torrent révolutionnaire, vota la mort de Louis XVI, et fut assassiné la veille de l'exécution du jugement. Tout le monde sait ce qu'était Mirabeau, le brillant et fougueux orateur de la révolution.

La rue des Capucins fut encore nommée rue du *Grand Magasin*, à cause du grand magasin aux vivres qui s'y voit, et dont une deuxième entrée ouvre sur la Grand'rue St.-Vaast. C'est le plus vaste et le plus élevé des bâtiments militaires de la place; il fut construit de 1782 à 1785, sur l'emplacement de l'ancien *hôpital des vieux hommes de St.-Paul*, fondé en l'an 1575 par Claude Dehennin, seigneur de Quérénaing, et supprimé en 1782, pour être fondu dans l'Hôpital-général.

Sur le rang opposé est situé le *béguinage de Notre-Dame*, fondé en 1636, par Marie Laloux, pour loger gratuitement six vieilles filles qui reçoivent chacune la valeur de six mencauds de blé et 4 livres de chandelles, répartis de mois en mois. Elles participent en outre aux distributions en nature faites par le bureau de bienfaisance.

En 1671, existait dans la rue des Capucins, une vaste maison nommée le *Refuge d'Anchin*, et appartenant à la communauté de cette abbaye. Il est présumable qu'elle faisait partie de l'emplacement actuel du Grand magasin.

— 20 —

CAPUCINS * (*Rue neuve des*). — Rue très irrégulièrement percée, vers 1828, et dont la direction est à peu près du sud-est au nord-ouest. Elle forme une sorte de place, au milieu de son parcours. Longueur développée 150 mètres, largeur de la rue 10 mètres, de la place 30 mètres.

Appelée des Capucins, parce qu'elle fut établie dans le jardin de l'ancien monastère que l'on voyait dans la grand'rue de ce nom.

— 21 —

CARMES (*Rue des*). — Direction exacte du sud au nord. Part de la Place-au-Bois pour aboutir à la rue de la Porte Notre-Dame. Longueur 197 mètres ; largeur à sa naissance Place-au-Bois 6 mètres, à l'extrémité 13 mètres.

Cette rue est nommée *Grande Cauchie* (Grande Chaussée) dans divers titres du XIIIe siècle. Elle fut appelée rue des Carmes, quand les religieux de cet ordre vinrent y fixer leur monastère en 1653 ou 1655, après avoir habité provisoirement la rue des Liniers, puis la rue de Scachebeuvons, actuellement du petit Séminaire.

L'église et le monastère ont été supprimés à la première révolution, et le nom des Carmes fut échangé contre celui des *Sans-Culottes*.

— 22 —

CHANOINES * (*Rue des*). — Direction du nord-ouest au sud-est. Fait suite à la place Ste-Croix, et va joindre la rue de Noyon. Longueur 140 mètres, largeur moyenne 8 mètres.

Est ainsi appelée des nombreux chanoines qui y avaient leur demeure, à cause du voisinage de l'église métropolitaine, de l'église Ste.-Croix et de l'église St.-Martin.

Son nom est écrit rue des *Canonnes* dans un registre de la mairie de St.-Sépulcre, sous la date de 1409. A la première révolution il fut changé contre celui de rue de la *République*.

— 23 —

CHAPEAU-BORDÉ (*Rue du*). — Petite rue formée dans la direction du nord au sud. Prend naissance à la rue des Clefs et se termine à la jonction des rues de l'Écu-d'Or et de St.-Adrien. Longueur 89 mètres, largeur moyenne 7 mètres.

Tient son nom d'une enseigne au *chapeau-bordé*, placée à la porte d'un estaminet. C'était auparavant la rue des *Écoles*. En 1793, on l'appela rue du *Bonnet-rouge*.

— 24 —

CHAPEAU-VERT (*Rue du*). — Petite rue percée dans la direction du sud-ouest au nord-est, et qui aboutit de la rue du Marché-au-Poisson à la rue des Capucins. Longueur 41 mètres, largeur 5 mètres.

A gardé le nom de l'hôtel du *Chapeau-vert*, qui y existait encore au siècle dernier. En 1793, elle fut appelée momentanément rue de l'*Écharpe*.

— 25 —

CHAUDRONNIERS (*Rue des*). — Direction irrégulière, à peu près de l'est à l'ouest. Communique de la rue des Bouchers à la rue Jean-le-Fort, au rempart de la ville. Longueur, 84 mètres, largeur moyenne 5 mètres.

Son nom rappelle qu'elle fut habitée par la corporation des chaudronniers. Il est écrit *vicus le Caudrelier* dans un livre aux partitions des prébendes de Ste.-Croix, de l'an 1242.

5

En patois du pays on entend par *Caudrelier* un chau-
dronnier.

— 26 —

CHAUFOURS (*Rue des*). — Direction , nord-est au sud-
ouest. Prend naissance aux rues de la Herse et de la Porte-
Robert , et vient aboutir à la rue des Chaudronniers, contre
le rempart à l'est de la ville. Longueur 87 mètres ; largeur
à sa naissance rue de la Herse, 3 mètres, à son extrémité
6 mètres.

Cette rue tient son nom des Chaufours qui s'y voyaient
autrefois et dans lesquels on employait pour faire la chaux,
la pierre calcaire extraite du sol même de la ville.

— 27 —

CHEVAUX (*Rue aux*). — Rue étroite et mal percée, dans
la direction approximative du sud au nord. Ouvre sur la
rue du Paon, et aboutit à la rue de la porte de Cantimpré.
Longueur 143 mètres ; largeur à sa naissance , 5 mètres ,
à son extrémité , un peu moins de 3 mètres.

Elle fut nommée *aux Chevaux*, à cause de sa proximité
de l'abreuvoir établi sur l'Escaut , à l'extrémité de la rue
du Paon, et parce qu'elle était le seul débouché qui y
menât venant de tout le quartier de Cantimpré. Cet abreuvoir a été supprimé comme trop dangereux au moment des
crues d'eaux.

Pendant la première révolution, la rue aux Chevaux fut
appelée rue de la *Philanthropie.*

— 28 —

CLEFS (*Rue des*). — Elle se dirige du sud-ouest au nord-
est , dans le prolongement des rues de la Caille et des Ratelots. Longueur 63 mètres , largeur 9 mètres.

Nous avons vainement cherché l'explication du nom de cette rue, que l'on appela aussi quelque temps rue du *Chef St-Jean*, d'une auberge qui porte cette enseigne. En 1793, on lui donna le nom du *Faisceau National.*

— 29 —

CLOCHER St.-GÉRI (*Rue du*). — Elle se dirige du nord-est au sud-ouest, et fait communiquer transversalement la rue de St.-Géri avec celle de la Clochette. Longueur 44 mètres, largeur 6 mètres.

A l'angle de cette rue, contre la rue St.-Géri, s'élevait la tour de l'église de ce nom. (*V. rue St-Géri.*)

— 30 —

CLOCHETTE (*Rue de la*). — Direction du sud-est au nord-ouest. Commence à la rue de l'Arbre-à-Poires, et s'étend en s'élargissant en forme de place jusqu'à la rue des Corbeaux. Longueur 118 mètres ; largeur très variable : 4 mètres à sa naissance rue de l'Arbre-à-Poires, 16 mètres au milieu, et 5 mètres à son extrémité.

Tient son nom d'une auberge qui porte une *Clochette* pour enseigne. Auparavant, en 1542, elle s'appelait rue des *Basoches.*

En 1789, on remplaça le nom de Clochette par celui de *Trompette.*

— 31 —

CORBEAUX *(Rue des).* — Petite rue se dirigeant du sud-est au nord-ouest, dans le prolongement de la rue de la Clochette, et venant aboutir à la jonction des rues St-Vaast, de Monstrelet et des Blancs-Linceuls. Longueur, 46 mètres ; largeur, 5 mètres.

Appelée, en 1793, rue de *Régulus*, consul et général romain, qui vivait 256 ans avant J.-C.

— 32 —

CORDIERS (*Rue des*). — Direction, de l'est à l'ouest. Prend naissance à la rue des Carmes, et aboutit au rempart de la ville. Longueur, 115 mètres; largeur, à son entrée 4 mètres, à son extrémité, 10 mètres.

Tient son nom des cordiers ou fabricants de cordes qui y avaient leur domicile. Cette rue, à cause de son état désert et surtout à cause de sa proximité du rempart, présentait de grandes facilités pour cette branche d'industrie.

— 33 —

COUPE-DRAP *(Impasse du)*. — Prend naissance dans la rue des Candillons, se dirige du nord au sud, sur une longueur de 38 mètres, et une largeur de 4 mètres.

Est écrit *Cope-Drap* dans un livre aux partitions des prébendes de la collégiale de St-Croix, année 1242.

Se compose de petites maisons d'ouvriers, et aboutissait au *Jardin des Archers.*

— 34 —

COUPE OREILLE (*Impasse du*). — Il forme une petite place dont l'entrée était sur le *Pré d'Amour*, aujourd'hui la Place-au-Bois. Elle a deux issues couvertes prenant naissance sur les rues Neuve et des Bellottes. Surface 312 mètres carrés.

Pourquoi le Coupe Oreille? Etait-ce anciennement un lieu de supplice? Les Mémoriaux n'apprennent rien à ce sujet, mais le peuple l'appelle le *Corporel.* En 1773, il fut nommé place du *Patriotisme.*

— 35 —

CROISETTES (*Rue des*). — Se dirige du nord-est au sud-ouest, et communique de la rue St-Adrien à la rue des Chanoines, Longueur 60 mètres, largeur 4 mètres.

Tient son nom d'un petit magasin de librairie qui s'y voyait autrefois, et qui avait une *Croisette* pour enseigne.

Pendant la première révolution cette rue prit le nom des *Jacobins*.

— 36 —

CURÉ (*Rue du*). — C'est une impasse longeant l'ancien cimetière St-Georges, et dont la direction est de l'est à l'ouest. Elle prend naissance vers le fond de la rue St.-Georges. Longueur 48 mètres, largeur 3 mètres.

Elle fut ainsi nommée parce qu'elle était habitée par le curé de St-Georges, ou plutôt parce que le presbytère de la paroisse était situé dans cette impasse, jadis rue, avant la suppression, vers 1805, de la Petite rue St-Georges, qui débouchait sur la rue des Soupirs.

— 37 —

CYGNES (*Rue des*). — Direction exacte du sud au nord. Commence au rempart, à l'extrémité de la rue St-Fiacre, et aboutit à la rue St-Julien. Longueur 176 mètres, largeur variant de 5 à 9 mètres.

Suivant une tradition, le nom de rue des *Cygnes* viendrait de ce que pendant une de ces inondations qui désolaient périodiquement les bas quartiers de la ville et le faubourg, avant l'élargissement du lit de l'Escaut, par les états du Cambresis, en 1750, on vit parfois des cygnes voyageurs s'abattre dans les eaux qui couvraient cette rue, et s'y établir comme au milieu d'un lac désert.

Les plus fortes inondations dont parlent les chroniqueurs, arrivèrent en 1260, 1532 et 1709. A la seconde de ces dates, on dut rétablir le pont de pierre construit sur l'Escaut, le plus voisin de la porte Cantimpré.

Cette rue est appelée des *Truans* (*vicus Trutannorum*),

dans un titre de 1240, des *Cinnes* et des *Chaines*, dans des actes de 1329. En 1793, on la nomma rue *Déprétrisée*.

Dans une partie du jardin de l'hôpital St.-Julien, qui s'étend le long de la rue des Cygnes, ont été érigés en 1848, une *salle d'asile* et une *crèche* pour les enfants pauvres. L'inauguration de la crèche eut lieu le 10 Janvier 1850.

— 38 —

DÉS (*Impasse aux*). — Prend naissance dans la rue de la Clochette, et se dirige du nord-est au sud-ouest, jusqu'au mur du jardin de la fondation Vander-Burch. Longueur 45 mètres, largeur moyenne 4 mètres.

Cette impasse est bordée de petites maisons basses et obscures. Y avait-il anciennement quelque taverne où l'on se rendait pour jouer aux dés, ou bien était-elle spécialement habitée par les ouvriers en couture ?

Les jeux de dés étaient sévèrement défendus par le magistrat, notamment les jours de fêtes et les dimanches. Une chronique manuscrite conservée par M. Faille, rapporte le fait suivant: « Le 19 mars 1562, jour de Pâques, on prit sept personnes qui jouaient aux dés, hors de la ville, dans la *Fosse au Pouilleul*, vers la *Grande Justice*. Le 9 avril suivant, ces sept personnes furent fustigées ensemble autour du marché de Cambrai. »

La *Fosse au Pouilleul* était située au faubourg, non loin de la porte Notre-Dame.

En 1793, la rue aux Dés prit le nom de rue du *Travail*.

— 39 —

ÉCOLES (*Rue des*). — Direction du nord-est au sud-ouest. Fait suite à la rue de l'Aiguille, et communique à la rue St-Fiacre. Longueur 79 mètres, largeur moyenne 5 mètres.

Est ainsi nommée à cause de l'établissement des Jésuites, dont les classes étaient dans le prolongement de cette rue. C'est pour cette même raison qu'on l'appela aussi rue du *Collége*. Ce dernier nom fut plus généralement donné à la rue des Jésuites, actuellement du Grand Séminaire.

— 40 —

ÉCU DE FRANCE (*Rue de l'*). — Rue petite et étroite, percée du sud au nord, qui prend naissance à la rue de la Porte-Robert et se termine à la rue Jean-le-Fort, contre le rempart de la ville. Longueur 61 mètres, largeur moyenne 4 mètres.

Nommée en 1793, rue de la *Cocarde Nationale*.

— 41 —

ECU-D'OR (*Rue de l'*). — Rue peu importante, composée de quelques maisons seulement. Elle se dirige du sud-est au nord-ouest, et forme le prolongement de la rue St-Adrien, pour joindre la rue des Ratelots. Longueur 41 mètres; largeur, 8 mètres.

Tient son nom d'une brasserie qui s'y voyait jadis, sous l'enseigne de l'*Ecu d'Or;* elle fut nommée en 1789, rue du *Four-Chapitre*, à cause d'un four bannal qu'y possédait le chapitre de l'église de Cambrai : c'est maintenant une boulangerie particulière et qui est toujours appelée le *Four-Chapitre*.

En 1793, ce nom qui rappelait une idée de religion et de féodalité, fut changé en celui de *Caton*, probablement *Marcus Porcius Cato*, dit l'*Ancien* ou le *Censeur*, auteur du traité *De re rustica*, 234-149, avant J.-C.

Cette rue a repris le nom de l'*Ecu-d'Or;* il eut été plus rationel de lui rendre le nom historique de *Four-Chapitre*.

EPÉE *(Rue de l')*. — Direction à peu près de l'est à l'ouest. Forme la continuation de la rue du Grand-Séminaire, pour aboutir aux rues de Vaucelettes et de la Charité. Longueur , 130 mètres ; largeur moyenne , 10 mètres.

Anciennement cette rue se prolongeait plus loin au moyen d'un Wareschaix, qui la faisait déboucher, d'un côté, par la rue St-Fiacre et de l'autre , sur la grande rue St-Julien. Ce passage s'appelait , en 1409 , la *Ruellette de Beaurepaire* ou *Biaurepaire*. Une partie de la voie supprimée sert de cour au secrétariat de l'administration des secours publics de la ville.

Vers le milieu de la rue , maison n° 8 , était encore un Wareschaix qui s'étendait jusqu'à la rue des Chanoines. Il est désigné par *Ruellette du Sacrement Dieu*, dans un dénombrement de la mairie de St-Sépulcre , du mois d'août 1409.

Pourquoi rue de l'Epée ? Doit-on présumer qu'elle fut jadis habitée par quelque célèbre prévôt ou maître d'armes, qui enseignait à manier la terrible épée à deux mains de nos preux chevaliers ?

Cette rue prit momentanément , en 1793 , le nom de rue du *Niveau*.

EPINE-EN-PIED *(Rue de l')*. — Direction , du nord-ouest au sud-est. Commence à la place au Bois et communique à l'Esplanade. Longueur, 90 mètres ; largeur , 6 mètres.

Le nom de cette rue que l'on pourrait attribuer à l'ancienne existence d'un *pied d'épine*, doit plutôt être pris au figuré , et rappelle encore le *Préau d'Amour*. C'était probablement une *épine hors du pied*, que de l'avoir traversé sans encombre. Ainsi nommée dans un acte de 1373 : *Vicus de l'Epine en piés*.

Elle mène directement à la citadelle élevée par Charles-Quint, en 1543, au sommet du Mont-des-Bœufs, sur l'emplacement de l'antique église de St-Géri et de son monastère, détruits alors, et reconstruits dans la rue qui a conservé le nom de St-Géri.

La rue de l'Epine-en-Pied longe l'ancienne chapelle de St-Jacques le *Mineur*, aujourd'hui convertie en brasserie.

En 1793, on lui donna le nom de rue des *Amants*.

— 44 —

ESPLANADE de la Citadelle. — L'esplanade de la citadelle a été formée depuis l'érection de cette forteresse en 1543, époque où Charles-Quint fit abattre les maisons au nombre de plus de 800, qui existaient sur les hauteurs du *Mont-des-Bœufs*, et parmi lesquelles se trouvait, auprès de l'ancienne église de St-Géri, le refuge que possédaient les abbés du Mont-St-Martin.

On commença à la former dans les premières années du XVIIᵉ siècle, après la reddition de la ville au comte de Fuentès, général commandant les armées espagnoles ; mais elle n'eut son étendue actuelle, que plus-tard, par ordre du roi Louis XIV. A cette dernière époque, on fit démolir encore nombre de maisons qui en génaient le développement.

Les voies publiques qui bordent l'Esplanade ont reçu les désignations suivantes :

1° *Rang du Fond de St-Jacques*. — La direction en est du nord au sud. Commence à la porte Robert et finit à la rue de l'Epine-en-Pied. Longueur, 60 mètres. Ainsi nommé parcequ'il est situé derrière l'ancien hôpital St-Jacques.

En 1793, on l'appela rang de *Solon*, l'un des sept sages de la Grèce, l'an 640 avant J.-C.

2° *Rang du Fond de St-Jean*. — Direction, du nord au sud. Fait suite au précédent, contre les dépendances de l'hôpital St-Jean. Longueur, 167 mètres. Il fut appelé à la première révolution, rang de *Lycurgue*, le législateur des Lacédémoniens, l'an 882, avant J.-C.

3° *Rang de la Croix à Poteries*. — Il se dirige également du nord au sud, commence à la rue St-Jean, et se termine à la rue des Pochonets. Longueur, 167 mètres.

On y voyait autrefois une croix, comme à presque tous les carrefours de la ville, et auprès de laquelle les marchands de poteries venaient les étaler. En 1793, ce rang fut appelé du *Contrat-Social*, œuvre littéraire de Jean-Jacques Rousseau.

4° *Allée des Soupirs*. — Voir la rue de ce nom.

5° *Rang du Fond St-Georges*. — Se dirige de l'est à l'ouest, à partir de l'Allée-des-Soupirs jusqu'à l'ancienne porte St-Georges. Longueur, 100 mètres. Est appelé de ce nom à cause de sa proximité de l'église et du cimetière St-Georges.

— 45 —

FÉNELON *(Grand'rue)*. — Elle se dirige de l'est à l'ouest, sur une pente assez rapide, à partir de la place Fénelon jusqu'à la rue des Feutriers, où elle traverse au moyen d'un pont, la dérivation de l'Escaut, nommée le *Cliquotiau*. Longueur, 142 mètres; largeur, aux extrémités, 6 mètres, vers le milieu, 12 mètres.

On lui a donné le nom de l'archevêque Fénelon, célèbre non moins par ses écrits que par ses vertus. La vie de cet homme illustre est connue de tous; il nous suffira de dire que François Salignac de la Mothe-Fénelon, fut d'abord gouverneur des princes du sang, les ducs de Bourgogne, d'Anjou et de Berri. Il devint archevêque de Cambrai, au mois de février 1695, et prit possession de son siège, le 10 août. Il mourut le 7 janvier 1715, et fut inhumé dans l'église métropolitaine de Notre-Dame. Ses précieux restes, après avoir été exhumés, reposent maintenant dans la métropole de Saint-Sépulcre, où un monument en marbre lui a été érigé. L'inauguration en eut lieu le 7 janvier 1825, jour anniversaire de la mort du plus digne des prélats.

Vers le milieu de cette rue, et au coin de celle d'Inchy, était la maison des Clairisses, que ces religieuses habitaient depuis leur retour d'émigration. La communauté est actuellement fixée dans la rue de Vaucelettes. Avant la première révolution, leur monastère était situé dans la maison dite le *Bregier*, près du *Pont à l'Aubelen*, c'est-à-dire au Marché au Poisson.

Au coin de la rue d'Inchy, dans un angle rentrant vers la rue des Feutriers, se tenait encore au siècle dernier, le *Petit Marché*, occupé par les marchandes de fruits et de légumes. Le *Petit Marché* est cité dans des actes de l'an 1643.

La Grand'rue Fénelon s'appelait, en 1789, rue *de l'Evêché* et *de l'Archevêché*, parce qu'elle longeait le palais des évêques et archevêques.

En 1793, on lui donna le nom de rue de la *Mitre renversée;* et en 1805, elle fut appelée rue du *Palais*.

— 46 —

FÉNELON *(Place)*. — C'est une belle place moderne située au centre de la ville, plantée de tilleuls et de platanes, et qui a été formée sur l'emplacement de l'antique métropole. Elle présente en surface 7245 mètres carrés, ou 72 ares, 45 centiares.

On l'appela d'abord *Place Notre-Dame*, parce que le temple qui y existait était placé sous l'invocation de la mère de Dieu.

Suivant Julien Deligne, l'un des chroniqueurs de Cambrai, la première fondation de l'église Notre-Dame, remonterait à l'an 525 ; néanmoins rien ne saurait nous donner l'assurance que l'emplacement de la primitive église fût bien le même que celui du dernier monument.

Cette basilique est brûlée par les Normands, le 28 décembre 880 ; rebâtie les années suivantes, elle est menacée le 6 avril 953, d'une destruction nouvelle par les Hongrois, qui tentent de l'incendier.

L'église est réparée en 960 et en 980 ; enfin, elle est rétablie de fond en comble, de l'an 1023 à l'an 1030. Elle est incendiée vers l'an 1068 ; on l'a répare, et un nouvel incendie plus terrible que les précédents, la détruit en entier, le 6 septembre 1148. On relève le monument, et deux grosses tours qui devaient servir de clocher, s'écroulent à peine achevées, le 4 décembre 1161.

Vers 1182, les tours sont remplacées par une admirable flèche bâtie en pierre grise, à jour et sans charpente. Cette flèche d'une excessive hauteur, fut frappée de la foudre, le 18 août 1495, en 1503, 1522, 1548, 1604, 1616, 1748, 1801 et 1804. La dernière réparation majeure datait de 1760.

Ce clocher avait 107 mètres environ d'élévation, y compris la longueur de la croix. Le globe qui la supportait, pouvait contenir six hommes. Il y avait, du rez de chaussée au sommet de la flèche, 600 dégrés à monter. La tour qui lui servait de base, contenait 39 cloches, dont 16 que l'on sonnait régulièrement. La plus grosse, nommé *Marie*, pesait quinze mille livres.

L'église ne fut parfaitement achevée qu'en 1472. Elle était entourée de 21 chapelles, et de deux autres établies sur les voûtes des petites nefs des transsepts. On avait adossé au monument une grande chapelle dite de St-Gengulphe et qui avait titre de paroisse. Elle fut détruite en même temps que la mère église, vendue comme domaine national, en l'an IV de la première république (1795-96). Le marteau révolutionnaire anéantit en peu de jours ce précieux morceau d'architecture objet de la vénération de nos pères, et la belle pyramide demeurée debout, sans appui, fut renversée par un ouragan, le 30 janvier 1809.

Une galerie couverte, aboutissait du clocher au *Palais Archiépiscopal*. Cette habitation avait été formée par les premiers évêques ; cependant il en est de même ici que pour la métropole, nous n'avons aucune certitude que les constructions élevées par St-Vedulphe, au VIe siècle, aient été établies sur le même emplacement que le palais de l'évêque Erluin, en l'an 1001 ; renouvelé par l'évêque Henri de Berghes, de 1480 à 1502 ; embelli par Robert de Croy, vers 1545 ; par Guillaume de Berghes, vers 1600, et enfin, par l'archevêque Vander-Burch, vers l'an 1620, qui y fit construire les trois portes d'entrée encore existantes.

Dans un terrain dépendant du palais, a été érigée vers 1820, une *salle de spectacle*, depuis convertie en une *école mutuelle communale pour les filles*.

Un *nouveau théâtre* a été construit dans la partie sud de la place Fénelon, désignée alors par le nom de *Place Verte*. Le première pierre en fut posée le 21 avril 1829 ; l'inauguration de la salle eut lieu le 15 août 1831.

Des fouilles faites en 1822 sous l'emplacement de l'église Notre-Dame, ont fait découvrir les tombeaux de plusieurs évêques et archevêques; savoir : Nicolas de Fontaines, inhumé en 1272; Jean de Gavre, en 1439; Maximilien de Berghes, en 1570; Jean Richardot, en 1614; François Buisseret, en 1615; Garpar Nemius, en 1667 et Ladislas Jonart, en 1674. Les restes vénérés de ces prélats, rassemblés avec ceux de Fénelon, précédemment trouvés le 25 messidor, an XII (4 juillet 1804), sous le caveau du maître autel, furent transférés le 29 octobre 1822, dans le caveau situé derrière le cœur de l'église St-Sépulcre.

La place Fénelon, ou plutôt les places Verte et de Notre-Dame réunies, noms qu'elles portaient après la démolition de l'église, furent appelées, en 1793, place de la *Raison* et place de la *Génération*.

— 47 —

FERVACQUE (*Rue de*). — Direction du sud au nord. Commence par un passage voûté à la rue de la Herse, et aboutit à la rue des Cordiers, contre le rempart à l'est de la ville. Longueur 142 mètres, largeur moyenne 3 mètres,

Cette rue était autrefois écrite *Farvacque,* du nom d'une ancienne famille de Flandre.

En 1793, on l'appela rue de la *Confiance*.

— 48 —

FEUTRIERS (*Rue des*). — La direction en est très irrégulière; elle est, dans sa majeure partie, de l'est à l'ouest. Prend naissance à la Grand'rue Fénelon et va joindre la rue Cantimpré. Longueur 125 mètres, largeur moyenne 5 mètres.

Son nom indique qu'elle était habitée par les fabricants de chapeaux ou de feutres.

En 1793, on l'appela rue de la *Franchise*.

— 49 —

FROMAGES * (*Rue des*). — Direction, nord-ouest au sud-est. Commence à la Grand'rue Vander-Burch, et se termine à la Place-d'Armes. Longueur 47 mètres, largeur moyenne 8 mètres.

Ainsi nommée, parce qu'elle fut habitée spécialement par les marchands de fromages. Elle est appelée au XIVe siècle *Marché as Froumages.*

A la première révolution, bien que son nom fut peu aristocratique, il fut changé contre celui de rue du *Négoce.*

— 50 —

FUMIERS (*Rue aux*). — Elle se dirige du sud-ouest au nord-est, dans le prolongement de la Grand'rue aux Banches, et aboutit à la rue St.-Jean. Longueur 47 mètres, largeur 4 mètres.

Le nom de cette rue indique qu'elle servait jadis de réceptacle aux immondices du quartier, jusqu'à ce qu'elles fussent transportées hors de la ville.

— 51 —

HERSE (*Rue de la*). — Se dirige de l'est à l'ouest, dans le prolongement de la rue de la Porte-Robert, et finit à la rue des Trois-Pigeons. Longueur 127 mètres, largeur moyenne 15 mètres.

C'est encore une enseigne qui a donné le nom à cette rue, la *Brasserie de la Herse*, supprimée depuis une quinzaine d'années.

— 52 —

INCHY (*Rue d'*). — Direction de l'est à l'ouest, avec retour du nord au sud. Commence à la rue St.-Jérôme, et se termine à la Grand'rue Fénelon. Longueur 115 mètres, largeur moyenne 7 mètres.

Du nom de l'hôtel qu'y possédait en l'an 1097, Hugues d'Incy ou d'Inchy. C'est probablement la même habitation qu'un manuscrit de l'abbé Tranchant désigne par le *petit château*, situé auprès du puits *Manelin*, maintenant supprimé.

Nommée en 1793, rue d'*Émile*, pour rappeler l'œuvre du philosophe de Genève.

— 53 —

JEAN-LE-FORT (*Rue*). — Petite rue ouverte contre le rempart de la ville, et qui se dirige de l'est à l'ouest. Prend naissance à la rue des Chaudronniers, et se termine à la rue de l'Écu-de-France. Longueur 33 mètres, largeur 4 mètres.

« En 1823, dit un Ms. de M. Faille, aujourd'hui propriété de M. Lesne-Daloin, le Maire de Cambrai fit placer une inscription de ce nom à un rang de maisonnettes, entre la rue des Chaufours et celle de l'Ecu-de-France, en face du rempart. Auparavant, ce rang, qui en avait un opposé et adossé au rempart, *que j'ai vu démolir* (je suis né en 1765), n'était que le prolongement de la rue des Chaudronniers. »

— 54 —

JUIFS (*Rue des*). — Direction du nord-est au sud-ouest. Correspond de la rue des Rôtisseurs à la rue des Liniers. Longueur 121 mètres; largeur à sa naissance rue des Rôtisseurs 3 mètres, à son extrémité 5 mètres.

Le nom de cette rue indique qu'elle était anciennement habitée par des Juifs qui y exerçaient leur industrie.

Appelée rue des *Juys* dans un dénombrement de la mairie de St.-Sépulcre du mois d'août 1409.

dictins, fondée vers l'an 660, avaient un refuge dans la rue des Pochonets; c'est aujourd'hui une belle et vaste habitation particulière, portant le numéro 3.

En 1793, elle prit le nom de rue de la *Paix*.

— 68 —

POISSONNIERS *(Rue des)*. — Direction, nord-est au sud-ouest. Fait communiquer transversalement les rues du Temple et de Prémy. Longueur, 79 mètres; largeur, à sa naissance 3 mètres; à son extrémité 5 mètres.

Le nom de cette rue située près du bras souterrain de l'Escaut, dit le *Cliquotiau*, indique qu'elle était habitée par les poissonniers ou marchands de poisson.

Elle est appelée *Vicus Piscatorum*, dans un livre aux partitions des prébendes de la collégiale de Ste-Croix, en 1242; et des *Pissonniers*, dans un rouleau contenant le dénombrement de la mairie de Ste-Croix, fait de 1324 à 1343.

— 69 —

PORTE CANTIMPRÉ *(Rue de la)*. — La direction en est exactement de l'ouest à l'est. C'est, après la rue St-Georges, la plus large et la plus régulière des rues de Cambrai. Elle s'étend de la porte Cantimpré à la jonction des rues des Feutriers et des Récollets, sur une longueur de 243 mètres, et une largeur moyenne de 15 mètres.

La rue Cantimpré a conservé le nom d'une abbaye de religieux de St-Augustin, érigée en 1180, sous l'épiscopat de Roger de Wavrin, aux portes de la ville, et sur un terrain dépendant de l'Artois.

Cantimpré, dit Gazet, dans son histoire ecclésiastique des Pays-Bas, fut ainsi appelé, parceque dans les prairies

marécageuses au milieu desquelles fut depuis construite l'abbaye, Jean qui en devint le premier abbé, « estoit ac-
» coustumé d'aller chanter les sept psaumes *canter in pré*
» (chanter en pré). » Nous livrons cette étymologie aux curieux, sans autre garantie.

Cette rue est aussi appelée de *St-Sauveur (Vicus Sancti-Salvatoris)*, en l'an 1242, à cause de l'église paroissiale de ce nom, qui était située dans ce quartier.

A la naissance de la rue Cantimpré, se trouve une maison fort ancienne, nommée le *Miroir*, et dont il est question dans un titre des Chartriers, de l'an 1419.

Dans cette même rue se voyait la maison et la chapelle des *Prud'hommes* ou *pauvres impotents*, dits de *St-Pierre en Bèvre*, bâties en l'an 1387, par l'évêque Jean T'Serclaes. La maison des Prud'hommes fut donnée aux pères Dominicains, après la démolition de leur couvent de Ste-Elisa-
beth, incorporé dans l'hôpital général de la Charité, en 1752.

Un passage en partie couvert attenant à la *caserne de Gendarmerie*, conduit de la rue Cantimpré au boulevard des *Amoureux* et au *quartier de St-Pierre*, construit en 1601, par les Espagnols et contigu au *Grand quartier de cavalerie*, dont l'entrée principale ouvre sur la rue du Marché-au-Poisson.

Le pont jeté sur l'Escaut, dans la traversée du rempart, porte aussi le nom des *Amoureux;* il est déjà désigné de cette manière en 1585.

A l'extrémité ouest de la rue, se trouve la *caserne d'in-
fanterie* érigée en 1763, par les Etats du Cambresis, sur l'emplacement d'une ancienne caserne démolie. Le lit prin-
cipal de l'Escaut longe cet établissement militaire dans sa

plus grande dimension, et vient aboutir à la rue qu'il traverse au moyen d'une voûte en pierre.

Vis-à-vis, était l'*Abattoir communal*, qui y subsista jusqu'en 1836, époque où l'on en fit établir un nouveau plus vaste et plus commode, dans la rue St-Lazare.

La porte Cantimpré, située à l'extrémité de la rue, et déjà citée en 1232, fut rebâtie en 1390, après avoir été détruite par les eaux qui la baignaient. Emportée par une nouvelle inondation survenue au mois de novembre 1532, on dut la reconstruire en 1537. En 1601, on y établit un château, sorte de construction qui s'élevait au-dessus pour la défendre.

La porte Cantimpré fut quelque fois appelée d'*Entrepont* (entre deux ponts), 1229; et de *St-Sauveur*, 1242. En 1793, on la nomma porte de l'*Egalité*, et en 1805, porte d'*Arras*.

— 70 —

PORTE NOTRE-DAME (*Rue de la*). — Direction, à peu près de l'est à l'ouest. Forme le prolongement de la rue de l'Arbre-à-Poires, et prend naissance à l'embranchement des rues St-Géri et des Carmes, pour aboutir à la porte Notre-Dame. Longueur, 78 mètres; largeur, 14 mètres.

Cette porte fut primitivement nommée de *St-Géry*, comme le fait connaître un titre de l'an 1125, dans lequel on trouve ce passage : *juxta portam Sancti Gaugerici*.

La rue fut appelée aussi des *Marteaux* ou des *Ferrons* (*Vicus mallei* et *vicus malleorum*, 1242); parce qu'elle était habitée par les serruriers et marchands de fer; et la porte prit le nom du *Mal* ou *Mail* (1365).

Rebâtie à l'époque ou Cambrai passa sous la domination espagnole, la porte fut appelée de *Notre-Dame*; une niche placée à l'intérieur reçut la statue de la vierge, à laquelle se rattache une légende miraculeuse, conservée par la tradition et que rappelle ce bout-rimé devenu si populaire :

> « Par une nuée
> » Cambrai est délivrée,
> » Par Notre-Dame de grâces
> » Son Altesse en rend grâces. »

La porte fut réparée en juillet 1677, trois mois après la prise de Cambrai par Louis XIV, et l'on grava sur une pierre de reconstruction, les lignes suivantes, dues au baron de Vuoerden :

LUDOVICUS MAGNUS

Tertio post mense quam virtutis ac celeritatis prodigio
Urbem speculam Belgii, arcem spem Tagi cepisset
Civium commodo, civitatis ornamento
Imperii munimento consulens
Hanc portam reparavit auxit, decoravit
Anno M DC LXXVII.

Cette inscription a disparu, mais on en a gravé une autre, sur une pierre extérieure, et qui rappelle la réunion définitive de Cambrai à la monarchie française :

Valencenis sæviente Martio vi captis ac stupente orbe
predæ ereptis,
Dum Sancti Audomari civitas Regis jussu, copiis ac auspiciis
expugnatur
Arausionensis instructâ acie per Aurelianensem profligatur
LUDOVICUS MAGNUS, CAMERACUM *Galliæ diù tremendum ac*
imminens
Totis regni viribus bis frustra tentatum
Urbem VII, arcem verò xij *dierum obsidione dirutam ac*
jam num patentem,

Pridie nonas aprilis ac xiij. *Kal. maias anni M. VI LXXVII*
recepit Victor
Cameracensibus gallici juris vix dum effectis
Æque ac suis charus et suscipiendus.

En 1793, la porte et la rue furent appelées de la *Monta-*
gne ; en 1805, elles prirent le nom de *Valenciennes.*

Hors de la ville, près des glacis, est le *cimetière de Notre-*
Dame, établi en 1785, sur une propriété cédée à la ville
par l'église St-Vaast. Il fut agrandi , depuis quelques
années, au moyen de terrains achetés aux propriétaires
riverains.

— 71 —

PORTE ROBERT (*Rue de la*). — Direction à peu près de
l'est à l'ouest. Forme le prolongement de la rue de la
Herse et aboutit à l'Esplanade. Longueur 110 mètres, largeur 19 mètres.

Tient son nom de l'ancienne porte Robert, ouverte à son
extrémité par Robert Koillet ou Coulet, seigneur de Vil-
lers-Plouich, Paluesel, Pronville, etc. , qui possédait un
hôtel dans cette rue.

La porte Robert est aussi nommée porte *Coillet*, dans un
livre aux partitions de la collégiale de Ste-Croix, de l'an
1242. Une pierre du cintre qui regarde la ville , porte le
millésime de 1609, date de la dernière restauration.

On voyait auprès de la porte Robert, un calvaire planté à
l'expiration du Jubilé universel de l'année sainte promulguée
par le pape Pie VI. Il avait été élevé à la suite d'une mission
commencée le 27 mai 1776, et qui dura six semaines. Supprimé à la première révolution, puis relevé à la restauration du culte, ce calvaire a été abattu de nouveau après la
révolution de 1830. Il ne reste que les arbres qui lui ser-
vaient d'abri.

La rue fut quelquefois appelée rue du *Calvaire*. En 1793, on la nomma rue des *Époux*.

— 72 —

PORTE SAINT-SÉPULCRE * (*Rue de la*). — Direction à peu près du nord au sud. Fait suite à la place St.-Sépulcre et aboutit à la porte de la ville, indifféremment appelée de St.-Sépulcre ou de Paris. Longueur 94 mètres, largeur 10 mètres.

Tient son nom de l'abbaye et de l'église du St.-Sépulcre, fondées dans son voisinage, au XIe siècle, par l'évêque Liébert, au retour d'un voyage qu'il avait entrepris pour la Terre Sainte. Elle est citée dans un titre des Chartriers, de l'an 1256.

La porte St-Sépulcre, est une des quatre portes de la ville qui ont été conservées. Elle est remarquable par sa voûte en ogive et ses deux tours imposantes qui en défendent l'entrée.

Cette porte, bâtie en 1063, fut réparée en 1528, en 1549, en 1581, et en dernier lieu en 1837, époque où la voûte devenue trop basse par suite des variations que l'on avait fait précédemment subir au sol, dut être exhaussée dans sa plus grande étendue.

Au-dessus se trouve un *magasin à poudre*, casematé, construit par les Espagnols.

La rue est longée souterrainement par un large égoût destiné à recevoir les eaux pluviales d'une partie de la ville, et à les déverser dans l'Escaut, après avoir opéré leur mélange avec les eaux de la fontaine St-Bénoît, dont on a fait dévier le cours. Les travaux de construction furent commencés le 4 mai 1825.

La rue et la porte St-Sépulcre, prirent en 1793, le nom de la *Liberté*, et en 1805, celui de *Paris*.

Au dehors de la porte, à l'extrémité des fortifications, se trouve le cimetière St-Sépulcre, établi au mois d'avril 1785. Le terrain dans son étendue primitive provenait de l'abbaye de St-Sépulcre, il contenait 53 ares 19 centiares. Il fut agrandi tout récemment au moyen d'acquisitions faites aux riverains.

— 73 —

PORTE DE SELLES (*Rue de la*). — Direction à peu près exacte du sud au nord. Rue large et bien disposée pour une entrée de ville. Longueur 94 mètres, largeur moyenne 18 mètres.

Aboutit à une porte également appelée de *Selles*, du nom des moulins établis à l'extérieur sur l'Escaut, qui longe le rempart. Il est déjà fait mention des moulins de Selles (*Molendina de Salis*) , dans une bulle du pape Calixte, de l'an 1119; ils furent long-temps la propriété de l'évêché de Cambrai. Dès le XIIIe siècle , ils appartenaient à l'évêque Nicolas de Fontaine.

Avant l'épiscopat de Burchard , 1117-31, on payait pour entrer à la porte de Selles , appelée aussi porte St.-Jean , un droit très onéreux. Cet impôt de passage fut racheté par un riche bourgeois de Cambrai , nommé Wirembauld de la Vigne , qui rendit l'entrée en ville franche de tous droits.

Au-dessus de la porte s'élève l'antique château de Selles le plus fort des ouvrages de défense avant l'érection de la citadelle. On attribue à l'évêque Nicolas de Fontaine, mort en 1275 , une reconstruction du château et de la porte de Selles. La partie supérieure de l'édifice fut réédifiée en 1601. Depuis, il a été approprié à un *Hôpital Militaire*.

Le long du mur d'enceinte , baigné par les eaux de l'Escaut , se trouvent de beaux souterrains , curieux à visiter à cause de leurs cabanons en ogives, et des nombreuses sculptures qu'ils renferment.

A la jonction de la rue de Selles avec la rue des Anglaises, se rencontre un passage nommé *Cour Capoix*, et formé de quelques habitations. En 1793, on l'appela *Cour Patriotique*.

A la même époque, la porte prit le nom de la *Fraternité*. On l'appela porte de *Douai*, en 1805.

— 74 —

PRÉMY *(Rue de)*. — Sa direction est à peu près de l'est à l'ouest, pour joindre les rues du Paon et de St-Julien. Longueur, 123 mètres; largeur moyenne, 8 mètres.

Est appelée des *Bons-Enfants* dit *Capets*, écrit *Boins-Enfants*, dans un dénombrement de la mairie de Ste-Croix, fait de l'an 1324 à 1343. Les *Bons-Enfants* étaient surnommés *Capets,* à cause de leurs coiffure consistant dans un *chapron de drap rouge*. Ils avaient établi en 1270, dans cette rue, un collège, où ils enseignaient les belles-lettres, et la langue latine.

Le collège des *Bons-Enfants* fut réorganisé en 1509, par les *Fratres* ou *Jéronimites* de Gand. Ils le cédèrent en 1554, aux *Guillemins* de Walincourt, que les guerres avaient chassés de leur maison. Ils continuèrent l'enseignement jusqu'en 1575, époque où le clergé fit acquisition de cette maison, pour la transformer en séminaire; mais le projet avorta, et le séminaire fut établi à Douai. Le clergé se décida, le 30 avril 1596, à céder l'ancien collége aux religieuses Augustines de *Notre-Dame de Prémy,* d'abord fixées en 1185, au faubourg Cantimpré, près de l'abbaye de ce nom, et dont le magnifique cloître avait été saccagé et détruit par les troupes du baron d'Inchy, en 1580.

La rue prit alors le nom de *Prémy*.

A la première révolution, elle fut nommée rue de la *Philosophie*.

— 55 —

LINGUIÈRES (*Impasse des*). — Cette impasse prend naissance sur la Place-d'Armes, rang aux Poulets, par un passage couvert, et se dirige du sud au nord. Elle renferme un grand nombre de petites habitations. Longueur 62 mètres, largeur moyenne 3 mètres.

Le nom des Linguières (probablement *Lingères*) est écrit dans de vieux titres *Aurengères* et *Oranghières* (marchandes d'oranges), et *Haranguières* (marchandes de harengs.)

En 1793, elle fut appelée rue de la *Bonne foi*.

— 56 —

LINIERS (*Rue des*). — Elle s'étend presque régulièrement du sud au nord. Sa naissance est à la Place-d'Armes, pour finir à la rue St.-Georges. Ces deux rues présentent ensemble la direction la mieux suivie et la plus étendue de la ville. Longueur de la rue des Liniers 270 mètres, largeur moyenne 10 mètres. Longueur totale des deux rues 632 mètres.

Était spécialement habitée par les marchands de lin, alors que la toile de Cambrai, la batiste dont notre ville revendique la première fabrication, dans le commencement du XIVe siècle, formait une des meilleures branches commerciales du pays. Son nom est rappelé dans un dénombrement de la mairie de St.-Sépulcre, du mois d'août 1409.

Dans la rue des Liniers est situé le *Mont-de-Piété* ou maison de prêts sur gages, institué en 1623. L'archevêque Vander-Burch en posa la première pierre au mois d'octobre de cette année. Le mont-de-piété a trois entrées : la principale ouvre sur la rue des Liniers, les deux autres sur la rue de Noyon.

Les Carmes déchaussés, à leur arrivée dans nos murs, en 1653, résidèrent quelque temps rue des Liniers, puis rue de Scachebeuvons, aujourd'hui rue du petit-Séminaire, et vinrent enfin se fixer rue de la Grande-Chaussée, qui prit alors le nom de rue des Carmes. On doit supposer que leur couvent de la rue des Liniers était à la maison N° 56, qui renferme les vestiges d'une chapelle.

— 57 —

LOMBARDS (*Rue des*). — Direction du nord-est au sud-ouest. Prend naissance à la rue des Rôtisseurs, et aboutit à la rue des Liniers. Longueur 148 mètres, largeur irrégulière variant de 5 à 10 mètres.

Nommée autrefois rue du *Mont-de-Piété*, parce que située en face de cet établissement, elle y conduisait directement.

On appelait aussi *Lombards*, les *Tables de Prêts* qui ont précédé les Monts-de-Piété, parce que c'est en Lombardie que ces institutions ont pris naissance dès le XVe siècle. De là vient le nom des Lombards, que la rue porte aujourd'hui.

Cette rue est appelée rue des *Lombards de la Madeleine*, dans un dénombrement de la mairie de St.-Sépulcre, du mois d'août 1409, et pour la distinguer de la rue des *Lombards St-Martin*, aujourd'hui Petite rue St-Martin.

En 1793, on lui donna le nom de rue de la *Bienfaisance*.

— 58 —

MARCHÉ AU POISSON (*Rue du*). — Cette rue se dirige du sud-est au nord-ouest. Commence à la grand'rue Vander-Burch, et aboutit au quartier de Cavalerie. Longueur 193 mètres; largeur à sa naissance 7 mètres, et s'étend progressivement jusqu'à 20 mètres.

Son nom indique que là se tient le Marché au poisson ou le *Minck ;* ainsi s'appelle le lieu où s'adjuge le poisson de mer aux *Minckeurs*, qui seuls ont le droit de le revendre en détail sur la Grand'Place.

Le mot de *Minck* vient de la manière dont on adjuge les sommes de poisson (sorte de grands paniers plats et ronds). A l'inverse des ventes aux enchères, celles-ci se font au rabais. Le contrôleur du *Minck*, placé dans sa loge, adossée au mur de la rue, décompte avec rapidité à partir de cent, jusqu'à ce que l'un des minckeurs ou poissonniers rangés en demi-cercle devant lui, prononce le mot *minck* (*mien* ou à *moi*), et se rende ainsi adjudicataire pour le prix prononcé à l'instant par le contrôleur.

A l'endroit même du marché au poisson, se voient les restes de l'ancien cloître des Clairisses. Ces religieuses avaient été admises à Cambrai, en 1490, sur la demande de l'évêque Henri de Berghes, qui leur acheta, moyennant 490 couronnes communes, la maison dite le *Bregier*, appartenant au chapitre de la cathédrale, et située vis-à-vis le pont à l'*Aubelen* ou pont du *Bois-Blanc*, établi sur l'Escaut, près de l'abreuvoir actuel.

Les Clairisses prirent possession de leur monastère en 1494. L'année suivante on leur fit bâtir une église. Ces constructions furent renouvelées aux frais des états du Cambresis et de la ville, de 1738 à 1743. Elles l'habitèrent jusqu'en 1793, époque où elles furent obligées de se disperser.

A la restauration du culte en France, plusieurs Clairisses revinrent à Cambrai, et se rassemblèrent dans une maison de la grand'rue Fénelon, au coin de la rue d'Inchy, où elles ont continué jusqu'à nos jours, de vivre en dévotion et selon les statuts de leur ordre. Tout récemment, en 1849, ces religieuses ont changé de résidence ; elles sont allées s'établir dans une maison plus vaste , située rue de Vaucelettes.

Près du Marché au Poisson se trouve le *Quartier de Cavalerie* , belle et vaste construction élevée de 1786 à 1789, sur l'emplacement de l'ancien *Quartier des Arbalétriers.*

Dans cette rue se voyait la *maison des communs pauvres de la ville.* Cette fondation a été réunie à l'*Hôpital-Général de la Charité* , par lettres patentes du 3 Juin 1752.

— 59 —

MIRACLES (*Impasse aux*). — Cette impasse est tellement étroite qu'elle ne permet point de s'y engager deux de front. La direction en est du nord-est au sud-ouest. Prend son entrée rue St.-Fiacre, et s'étend le long de l'ancien cimetière de ce nom , dit aussi *atrium des haysettes*, pour aboutir en fond au rempart.

Elle renfermait autrefois de misérables logements de mendiants, qui en faisaient une véritable *cour de miracles.* Depuis quelques années, ces sales taudis ont disparu pour être incorporés dans une maison adjacente.

Appelée en 1793 , rue de la *Vérité.*

— 60 —

MONSTRELET (*Rue*). — Percée sur un plan très incliné, dans la direction du sud-est au nord-ouest, elle part de la rue des Blancs-Linceuls à sa jonction à la rue St.-Vaast, et aboutit à la rue des Capucins. Longueur 110 mètres , largeur moyenne 6 mètres.

Elle est appelée Monstrelet du nom du célèbre Enguerrand de Monstrelet, dont Cambrai revendique à tort la naissance; car il paraîtrait que cet historien était originaire de Pi-

cardie, de 1390 à 1395. L'erreur aurait été propagée par
La Croix du Maine qui a conclu en termes contradictoires, que
Monstrelet était né à *Cambrai en Picardie ;* et sa méprise a
été copiée par quelques autres écrivains. Mais toujours est-il
que Monstrelet habitait Cambrai, quand il composa son
histoire, et qu'il y passa le reste de sa vie.

Il avait été pourvu en 1436 de l'officine de lieutenant
de *Gavenier*, c'est-à-dire qu'il était receveur des rede-
vances annuelles que les sujets des églises de Cambrai pay-
aient au duc de Bourgogne, pour la garde des églises qui
lui appartenaient en sa qualité de comte de Flandres.

Monstrelet devint prévôt de la ville de Cambrai en 1444,
et il fut pourvu le 12 mars de l'année suivante, de la dignité
de Bailli de Walincourt. Il mourut le 14 juillet 1453, et fut
enterré le 20 du même mois, dans l'église des Cordeliers,
devenue plus tard l'église des Récollets.

La rue actuelle de Monstrelet est diversement désignée
dans les actes anciens. Elle est appelée rue *Croke-poul* en
1280 ; *Crollecul*, dans un registre aux rentes du chapitre
de Notre-Dame, de l'an 1312 ; et *Crocul* en 1789. Après
le 18 Juin 1791, on l'appela rue de *Varennes* à l'occasion
de départ de Louis XVI qui fut arrêté à Varennes. En 1793,
elle fut nommée rue de la *Surveillance.* Son dernier nom
de Monstrelet date de la restauration.

— 61 —

NATTES (*Impasse aux*). — Prend naissance à la rue
St.-Fiacre et se dirige du nord au sud. Ne renferme que
cinq ou six habitations. Longueur 35 mètres, largeur
moyenne 3 mètres.

Son nom fait connaître qu'elle était habitée par les fabricants de nattes en joncs et en paille. Elle est citée dans un titre des Chartriers de l'an 1254.

En 1793, on l'appela impasse de *Guillaume Tell*.

— 62 —

NEUVE (*Rue*). Elle se dirige du sud au nord, et fait communiquer transversallement la rue des Rôtisseurs avec la Place-au-Bois. Longueur 97 mètres, largeur moyenne 5 mètres.

Cette rue fut jadis *neuve;* mais elle ne l'est plus depuis longues années, car elle renferme des maisons dont la construction remonte à plusieurs siècles. Il y existe un passage couvert qui mène au *Coupe-oreille*, dont l'entrée principale est Place-au-Bois.

Appelée en 1793, rue de la *Sobriété*.

— 63 —

NEUVE-TOUR (*Rue de la*). — Direction à peu près du nord au sud, pour aboutir au rempart de la ville. Longueur 79 mètres; largeur à l'entrée de la rue St.-Fiacre 4 mètres, au rempart 7 mètres.

On doit croire que cette rue tient son nom d'une tour de défense adossée au rempart, aujourd'hui vieille de construction, mais qui fut neuve autrefois.

Elle fut appelée rue du *Bon-air,* à l'époque de la première révolution.

— 64 —

NOYON * (*Rue de*). — La direction en est du nord au sud, pour faire suite à la Grand'rue St.-Martin, et aboutir à la place St.-Sépulcre. Longueur 187 mètres, largeur moyenne 10 mètres.

Nommée, en 1329, rue de la *Dame de Noyon*. Depuis

1641, on l'appela rue de Noyon, parce que c'est la route ordinaire qui mène à cette ville. C'est probablement cette rue qu'on nommait au XVIe siècle, rue de *Franche*, c'est-à-dire rue de *Paris*, comme elle fut baptisée en 1793.

Il y a deux issues du Mont-de-Piété, dont l'entrée principale est rue des Liniers.

— 65 —

OLIVES *(Impasse aux)*. — Prend naissance à la rue de la porte Cantimpré, non loin du *Magasin au fourrage*, et se dirige du nord-est au sud-ouest, sur une longueur de 64 mètres, et une largeur moyenne de 4 mètres.

A gardé le nom du *Jardin des Olives* qui y existait autrefois. Cette impasse aboutissait alors à une dérivation de l'Escaut, sur laquelle était établi un puisard, nommé le *Trou Pierrot*, et qui a été supprimé par suite de constructions adjacentes.

— 66 —

PAON (*Rue du*). — Direction du sud-est au nord-ouest. Forme la continuation de la rue de Prémy, et aboutit à un abreuvoir, pratiqué dans le lit même de l'Escaut, contre le quartier d'infanterie. Longueur de la rue, 145 mètres, largeur 7 mètres.

L'abreuvoir a été clôturé comme dangereux, notamment pendant les crues d'eaux.

S'appelle rue du Paon, que nous trouvons anciennement écrit *Pan*. Ce dernier mot signifiait en vieux langage *cloison*, ou *mur fait de bois*.

Le plan de Cambrai, publié dans le *Belgium Hispanicum*, au XVIe siècle, fait connaître qu'avant l'érection de la caserne d'infanterie, la rue du Paon, actuellement sans débouchée, traversait l'Escaut, au moyen d'un pont formé de plusieurs arches, et s'étendait jusqu'à la porte de Cantimpré.

Il ne serait pas impossible que le nom primitif de la rue fut rue du *Pont*, dont on aurait fait par corruption, *Pan* et *Paon*.

A du s'appeler aussi rue des *Moulins*, parce qu'elle menait aux moulins qui existaient vers cette partie du rempart. Le cloître des Récollets avait jadis une porte de sortie sur la rue des Moulins.

La rue du Paon renferme plusieurs usines très importantes, et munies toutes, de machines à vapeur.

A conservé son nom en 1793.

— 67 —

POCHONETS *(Rue des)*.—Direction à peu près du sud-est au nord-ouest. Commence à la Croix-à-Poteries, et aboutit à la jonction des rues aux-Banches et des Anges. Longueur, 69 mètres ; largeur moyenne, 10 mètres.

Le mot *Poçonet*, et *Pochonet* par corruption, signifiait, vers le XV⁰ siècle, *petit pot de terre* qui servait à boire, et fort en usage parmi les gens du peuple et les habitants de la campagne. Les marchands de *poçonets* venaient vendre dans cette rue qui en a conservé le nom, et auprès des marchands de vaisselle de terre, établis à la Croix-à-Poteries.

La rue des Pochonets actuellement fort retirée du centre des affaires commerciales, était plus vivante avant la construction de la citadelle, qui amena la ruine de tout le haut quartier de la ville, et surtout depuis la suppression, en 1677, de la *Porte Neuve*, située aux environs.

Les religieux de l'abbaye d'Honnecourt, maison de béné-

Une chronique de la bibliothèque de Cambrai donne ainsi l'étymologie de l'ancienne maison de Prémy à Cantimpré ; nous ne la transcrivons qu'à titre de légende , et sans autre importance historique :

« Jean , qui devint premier abbé de Cantimpré , se rendait journellement dans les prairies qui avoisinent la ville dans ce faubourg , pour y chanter les sept psaumes de la pénitence. Interrogé par sa sœur sur ce qu'il allait faire dans ces lieux marécageux. — Je vais *canter in pré* , repondit-il. — Eh bien , *my* , où irai-je ? reprit-elle. — *Pré my* , dit l'abbé. Alors aurait été décidée la double érection des monastères de Cantimpré et de Prémy. »

La dernière maison de Prémy , dont les constructions dataient de 1700 et 1736 , était traversée par une dérivation de l'Escaut qui porte encore le nom de Prémy. On a conservé , dans son état primitif , la porte d'entrée du monastère qui a été convertie en une vaste manufacture.

Pendant la révolution , la maison de Prémy servit d'hôpital et fut appelée *maison des valeureux*.

— 75 —

PRÉMY *(Impasse du petit)*. Cette impasse prend naissance dans la rue de l'Epée , sous un passage couvert , et s'étend dans la direction du sud-ouest au nord-est. Longueur , 51 mètres ; largeur , 4 mètres.

Fut appelée de Prémy , parce que les religieuses de ce nom y résidèrent quelque temps , après la destruction de leur maison de Cantimpré , par les troupes du baron d'Inchy , en 1580.

Depuis , y fut établie la *Maison des Chartriers* , instituée pour les pauvres incurables des deux sexes , par Antoine Héduin , prêtre chapelain de l'église métropolitaine , et

9

régent du collège *majoris*, situé rue St-Eloi. Le testament du donateur porte la date du 1ᵉʳ juillet 1613. L'institution des Chartriers fut réunie à l'hôpital général de la Charité, créé au mois de juin 1752.

L'impasse du petit Prémy offre seize maisonnettes occupées par un grand nombre de ménages pauvres. L'absence d'air et la malpropreté habituelle de ses locataires, en font un véritable foyer pestilentiel, rarement oublié par les maladies épidémiques.

En 1793, le petit Prémy fut appelé le *Quartier civique*.

— 76 —

PRÉS D'ESPAGNE *(Rue des)*. — Direction irrégulière, du nord-est au sud-ouest. Ouvre sur la rue St-Georges, et aboutit au rempart de la ville. Longueur développée, 80 mètres ; largeur à ses deux extrémités, 5 mètres.

La tradition fait connaître qu'il y avait anciennement dans ce lieu, un cimetière pour l'inhumation des hérétiques et des suicidés.

Une sorte de grange, convertie maintenant en habitations particulières, servait, au siècle dernier, de *salle de spectacle*.

En 1793, les Prés-d'Espagne prirent le nom d'*Impasse de Voltaire*.

— 77 —

PRISON *(Rue de la)*. — Elle se dirige du sud-ouest au nord-est, dans sa plus longue partie qui prend naissance à la place d'Armes ; et très régulièrement du sud au nord, dans sa continuation vers la rue de l'Arbre-à-Poires. Longueur, 156 mètres ; largeur moyenne, 9 mètres.

Cette rue est étroite et mal percée, néanmoins elle est très fréquentée à cause de son débouché sur la Grand'-

Place. Elle tient son nom de la *Prison* ou *Maison d'arrêt* qui y existe depuis fort longtemps.

Un titre de 1290, nous fait connaître que cette rue s'appelait alors, *du Hamel.* Elle prit, en 1617, le nom des *Viésiers*, à cause des frippiers ou étaleurs de vieilles marchandises, en linge, habillement et mobilier, qui l'habitent encore de nos jours.

La prison de la ville faisait partie de l'ancien fief de la *feuillie*, lequel s'étendait sur la place d'Armes, jusqu'à la rue de la Rose.

En 1793, la rue de la prison fut appelée rue *de la Force.*

— 78 —

QUÉRÉNAING (*Rue de*). — Direction, sud-est au nord-ouest. Fait suite à la rue Tavelle, et aboutit à la place Fénelon. Longueur 89 mètres, largeur 18 mètres.

On a donné à cette rue le nom d'une école fondée le 12 septembre 1604, par Claude de Hennin, seigneur de Quérénaing. Cette institution a été réunie ainsi que ses revenus, à l'école des Frères de la doctrine chrétienne, le 24 septembre 1821.

— 79 —

RATELOTS * (*Rue des*). — Direction, à peu près de l'est à l'ouest. Forme le prolongement de la rue des Clefs, et va joindre la rue du Temple à la place Ste.-Croix. Longueur 155 mètres, largeur moyenne 10 mètres.

On appelait *ratelo*, dans l'ancien langage, une *rate de bœuf ;* en admettant cette étymologie, ce serait donc la rue des *Rates de bœufs*. Il est vrai qu'elle était voisine de la rue des *Maseaux* ou des *Boucheries*, aujourd'hui rue de l'Arbre-d'or.

Nommée dans un plan de Cambrai au XVIIIe siècle , rue des *Rotelets ;* et en 1793 , rue de la *Démocratie.*

— 80 —

RÉCOLLETS * (*Rue des*). — Sa direction est du nord-ouest au sud-est, pour relier les rues du Temple et de Cantimpré. Elle est traversée par deux dérivations de l'Escaut, le *bras de Prémy* et l'*Escautin* , sur lesquels deux ponts en pierres ont été construits. Longueur 150 mètres, largeur moyenne 8 mètres.

En 1443, s'appelait rue d'*Entrepont* (Entre deux ponts ;) et plus tard , rue des *Cordeliers ,* à cause des religieux de ce nom qui , après avoir résidé , en 1262, au faubourg de St.-Sauveur, entre la porte de Cantimpré et la porte de Selles , achetèrent , en 1266, plusieurs héritages dans la rue d'Entrepont, pour former leur nouveau monastère.

La nef de l'église qui avait été consacrée en 1303 , fut renversée par un ouragan, le 8 octobre 1328. Elle fut immédiatement réédifiée par les soins des religieux.

Le clocher fut aussi deux fois abattu par les grands vents, en 1524 et en 1528 le 26 juillet.

Dans l'église des Cordeliers fut enterré notre célèbre chroniqueur Enguerrand de Monstrelet , prévôt de Cambrai et bailli de Walincourt ; mort le 15 juillet 1453 , et inhumé le 20 du même mois.

En 1601, les Récollets vinrent remplacer les Cordeliers, et la rue prit ce dernier nom.

L'église des Récollets quoique retirée au culte, a été conservée pour servir de *magasin au fourrage militaire.* C'est, avec l'hôpital St.-Julien , les deux dernières constructions importantes du style ogival que nous ayons à Cambrai.

Près des Récollets était le dernier *monastère de Cantimpré*, que les religieux vinrent occuper à leur retour de Bellinghe, en 1766. C'était une vaste et belle propriété, ancien *refuge de l'abbaye de St.-André du Cáteau*, et qui avait servi autrefois de *séminaire épiscopal*. Les religieux de Cantimpré l'avaient obtenu par un échange arrêté en 1765.

C'est aujourd'hui le *collége communal*, par suite d'acquisition faite par la ville, en vertu d'une ordonnance royale rendue le 27 août 1823. Le collége était précédemment fixé dans les dépendances de l'ancien hôpital St.-Jean.

A l'angle de la rue Ste.-Anne, était le *nouveau refuge des abbés de St.-André du Cáteau,*

La rue des Récollets prit en 1793, le nom de rue de la *Révolution.*

— 81 —

ROSE (*Impasse de la*). — Ouvre sur la Place d'Armes, rang aux Poulets, par un passage étroit et couvert, continue en s'élargissant dans la direction du sud au nord, et aboutit en fond au mur de la maison d'arrêt. Longueur 60 mètres, largeur moyenne, 4 mètres.

Cette impasse renferme de petites habitations très populeuses, peu aérées, et qui deviennent parfois le foyer de maladies pestilentielles.

— 82 —

ROTISSEURS (*Rue des*). — Grande et belle rue, large et bien percée, qui prend naissance à la Place d'Armes, et débouche sur la Place-au-Bois, dans la direction du nord-ouest au sud-est. Longueur 228 mètres, largeur 12 mètres.

Elle fut d'abord nommée rue de *Bollengrie*, 1242 (rue des *Boulangeries*), puis de *St-Jacques-en-Bollengrie*, de l'*Hôpital St.-Jacques-le-Majeur*, et de sa chapelle, bàtis en

1489, sur un *wareschaix* ou terrain vague, compris entre la rue Neuve actuelle et la rue des Bellottes, que la confrérie de St-Jacques et un nommé Gérard Rabeufs, avaient acheté à *ceste fin pieuse et louable.*

Cet établissement fut supprimé en 1752, et réuni à l'Hôpital-Général de la Charité.

La rue prit, en 1793, le nom des Rôtisseurs, à cause des restaurateurs qui y fixèrent leur domicile, et qui y exercent toujours leur industrie.

— 83 —

St-ADRIEN *(Rue de).* — Direction, du nord-ouest au sud-est. Fait suite à la rue de l'Ecu-d'Or, et aboutit à la Grand'rue St-Martin. Longueur, 65 mètres; largeur, 4 et 5 mètres.

Est appelée rue de l'*Escolle*, dans un dénombrement de la mairie de St-Sépulcre, du mois d'août 1409.

En 1770, on lui donna le nom de St-Adrien, et en 1793, celui *des Droits de l'homme.*

— 84 —

Ste-ANNE *(Rue).* — Petite rue irrégulière et étroite, se dirigeant du sud-ouest au nord-est, parallèlement au bras de l'Escaut, dit le *Cliquotiau.* Longueur, 79 mètres; largeur moyenne, 5 mètres.

A conservé le nom de la *Maison de Ste-Anne* ou *couvent de Lille* qui y fut fondé pour sept pauvres femmes veuves, par Marguerite de Lille, morte en l'an 1319.

Appelée en 1793, rue *Fénelon.*

— 85 —

St-AUBERT *(Rue).* — Sa direction est à peu près de l'est à l'ouest. Forme le prolongement de la rue de l'Arbre-d'Or, pour aboutir à la place Fénelon. Longueur , 93 mètres ; largeur moyenne , 8 mètres.

La rue St-Aubert tire son nom de l'ancienne abbaye qui s'y voyait autrefois , et dont l'église primitivement appelée de St-Pierre existait dès l'an 520, époque à laquelle St-Vaast y établit des chanoines de la congrégation de Latran. St-Aubert, septième évêque de Cambrai, mort le 13 décembre 670 , fut inhumé dans cette église qui devait prendre plus tard , le nom de ce saint Pontife.

Au IXe siècle , l'église St-Pierre possédait déjà une tour ou clocher , car les mémoriaux nous font connaître que cette tour fut endommagée par une secousse de tremblement de terre , survenue l'an 854.

Ce même temple et la rue qui l'avoisine étaient alors en dehors de l'enceinte urbaine , jusqu'à ce que Dodilon , sacré évêque de Cambrai, le 8 mars 887 , recula les limites de la ville et y fit élever des murailles pour la défendre.

En 996 , l'église St-Pierre fut entièrement ruinée par l'incendie ; elle dût sa reconstruction , deux années après, à Erluin , premier évêque qui fut investi du comté de Cambresis.

Le 1er octobre de l'an 1015, le temple , placé jusque là sous l'invocation de St-Pierre , est dédié solennellement , par l'évêque Gérard de Florine , aux apôtres St-Pierre et St-Paul.

L'église St-Pierre fut réduite en cendres pour la troisième fois , en 1099 ; elle fut encore brûlée ainsi que l'abbaye , en 1148 , par un violent incendie qui consuma tout ce que renfermait l'enceinte du château , c'est-à-dire, l'église cathédrale de Notre-Dame, le palais épiscopal et l'abbaye de St-Aubert.

Rétablie l'année suivante , puis brûlée avant d'être achevée, par des gens de guerre ; et enfin réédifiée par l'abbé Gauthier , elle fut consacrée, en 1164 , en l'honneur de ses anciens patrons et de St-Aubert , par Nicolas de Chièvres , trente-huitième évêque de Cambrai.

Le chœur dût être renouvelé en 1543 , sous la direction de l'abbé Pierre-Michel de Fancqueville , et l'évêque Robert de Croy en posa la première pierre le 24 du mois d'avril. Deux années après , on commença le *Jubé* qui placé à l'entrée du chœur , formait division entre cette partie de l'église et la nef principale. Ce monument fut consacré le 1ᵉʳ mai 1550.

La nef de l'église actuelle qui forme l'une des deux paroisses , sous le nom de *St-Géri* , fut terminée au mois de mai 1728 , le clocher et sa flèche furent achevés en 1739 ; et le chœur, commencé cette même année, fut mené à fin la veille de Noël 1745.

Le cloître de St-Aubert et ses dépendances ont été détruits à la révolution; l'église seule , a été conservée. On y remarque le magnifique Jubé en marbre, reporté sous le buffet d'orgues, un précieux tableau de Rubens et vingt stalles en bois, sculptées dans les parois du chœur.

En 1793 , la rue St-Aubert , fut appelée rue *Montesquieu,* écrivain renommé, au XVIIIᵉ siècle.

— 86 —

STE.-BARBE *(Rue de)*. — Direction de l'est à l'ouest. Commence à la rue Ste.-Élisabeth, et finit à la rue des Tanneries. Longueur 112 mètres, largeur moyenne 5 mètres.

C'était anciennement le *Trou-d'enfer*. En 1793 , on la nomma rue de la *Carmagnole*.

Au siècle dernier , se trouvait , vers le milieu de cette rue , un passage qui longeait l'Hopice général et la caserne ;

Il portait le nom de rue du *Quartier de cavalerie*. On l'a supprimé comme inutile à la circulation.

— 87 —

STE.-CROIX (*Place*). — C'est une jolie petite place triangulaire, plantée d'arbres, et à laquelle viennent aboutir les rues des Ratelots, des Chanoines, de Vaucelettes, de St.-Julien, du Temple, et la petite rue de Vander-Burch.

La place Ste.-Croix a été formée sur les ruines de l'église collégiale de ce nom, monument très ancien ; on ignore la date d'érection, mais on sait qu'il existait déjà en 879, époque où Jean-le-Bel, 18e évêque de Cambrai et d'Arras, y choisit sa sépulture.

A cette église était annexé un cimetière pour l'inhumation des pestiférés ; mais en 1264, on changea sa destination, et les pestiférés furent enterrés au cimetière St.-Fiacre, appelé *atrium des haysettes*, situé entre la rue des Sottes et la rue des Miracles, contre le rempart de la ville.

Le cimetière Ste.-Crcix fut supprimé en 1789, puis, cédé à la ville. L'église a été détruite quelques années après.

En 1793, la place Ste.-Croix prit le nom de *Cimetière du fanatisme*, et en 1805, celui de *Place du Sapin*.

— 88 —

STE.-ÉLISABETH (*Rue de*). — Elle se dirige du sud-ouest au nord-est ; prend naissance au marché au Poisson, et aboutit à la Grand'rue Fénelon, sur une longueur de 128 mètres, et une largeur irrégulière, variant de 6 à 10 mètres. Cette rue est longée par une dérivation de l'Escaut dite le *Cliquotiau*, et dans laquelle on a ménagé un abreuvoir pour les chevaux.

Tient son nom d'une chapelle primitivement établie par un habitant de Cambrai, en faveur d'un quartier de la paroisse de St.-Vaast, trop éloigné de l'église.

En 1240, Guillaume Midis, abbé de St.-Aubert, fit élever en place de cette chapelle, une église qui fut érigée en paroisse, sous le nom de Ste.-Élisabeth. Elle fut reconstruite en 1458, par les soins de Thomas Blentin, chanoine régulier de St.-Aubert. Il y avait un clocher qui fut en partie détruit par un ouragan survenu le 28 mars 1581. L'églia a été supprimée à la révolution de 1789.

Tout auprès se trouve l'*Hospice-général*, belle et vaste construction créée sous le nom d'*Hôpital général de la charité*, par lettres patentes de juin 1752, et située sur l'emplacement de la *maison des pauvres du marché au poisson*. Ces lettres réunissent en même temps à l'Hôpital-général de la charité, les fondations suivantes, avec tous leurs meubles et immeubles: les *chartriers*, les *vieilles femmes de St.-Vaast*, l'*hôpital St.-Jacques-en-Boulengrie*, les *vieux hommes de St.-Pierre-en-Bèvre*, *St.-Eustache*, les *vieux hommes de St.-Paul*, les *communs pauvres de la ville*, les *pauvres du marché-au-poisson*. D'autres lettres patentes d'avril 1754, portent encore réunion des *orphelins* et des *orphelines*.

Dans cette rue était le *couvent des Dominicains*, qui fut aussi incorporé dans l'Hôpital-général. Ces religieux vinrent à Cambrai sous l'épiscopat de Godefroi de Fontaines, (1219-1237).

A la suppression de leur maison, les pères Dominicains allèrent se réfugier dans les dépendances de la chapelle de de St.-Pierre-en-Bèvres, situées rue Cantimpré, qu'ils occupèrent jusqu'à la révolution de 1789.

La rue Ste.-Élisabeth est appelée, en 1240, *vicus Scau-*

delli. On la nomma, en 1789, rue de l'*Hôpital* ; et en 1793, rue de l'*Insurrection*.

Près de là se trouvait la cour de la *Fleur-de-Lys* (1618), et qui était habitée par des femmes de mauvaise vie. Ce nom rappelait la marque d'infamie appliquée aux malfaiteurs.

— 89 —

St-ELOI *(Rue de)*. — Direction , sud-ouest au nord-est. Forme le prolongement de la rue St-Lazare , vers le quai du même nom. Longueur, 106 mètres ; largeur , 7 mètres.

Cette rue tient son nom de l'église St-Eloi qui y fut érigée vers l'an 1287, par les frères Jean et Jacques de Marly , chanoines de la métropole. Les deux fondateurs firent en outre donation à la mère église , de leur hôtel de Marly , situé près de la porte St-Jean ou de Selles.

L'église de St-Eloi était du ressort de la paroisse de Ste-Croix ; il y avait un cimetière auprès. L'un et l'autre furent supprimés à la première révolution.

Dans cette rue se trouvait le *collége Majoris* , fondé au XVIe siècle , par un doyen de l'église Notre-Dame , nommé Philippe Lemaire ou Majoris qui fut grand aumônier , confesseur et conseiller de Marie , reine de Hongrie et de Bohême , gouvernante des Pays-Bas. On y enseignait aux étudiants pauvres , le grec et le latin. Cet établissement fut, dans la suite , transformé en une caserne appelée le *Quartier du Collége*.

En 1793, la rue St-Eloi réunie à celle de St-Lazare , furent appelées rue de l'*Esprit des Lois* , œuvre politique de Montesquieu.

— 90 —

St-FIACRE *(Rue de)*. — Direction , à peu près régulière

du nord-ouest au sud-est. Prend naissance à l'extrémité de
la rue de la Vierge-Marie, et conduit au rempart compris entre la porte St-Sépulcre et celle de Cantimpré.
Longueur, 204 mètres ; largeur, 7 mètres.

Cette rue a porté dans les premiers temps le nom de
Questiviez (de *chétif*), quartier du bas peuple. On voit
dans l'histoire locale qu'en 1090, le peuple de Cambrai
s'étant insurgé contre les chanoines, un jugement ordonna,
comme punition exemplaire, que le beffroi serait abattu,
l'horloge et le cadran enlevés, et que l'on déchausserait
les rues des Poteries et du Questiviez.

Est écrit *Kaitivier*, dans un dénombrement de la mairie
de St-Sépulcre, du mois d'août 1409.

Fut appelée de St-Fiacre, à cause d'une chapelle qui y
fut fondée par Robert de Coucy, chanoine de Notre-Dame,
et qu'on remplaça par une église achevée en 1643.

Dès l'an 1264, le chapitre de Ste-Croix y forma un
cimetière, pour remplacer celui qui attenait à leur
église, et que l'on trouvait trop reserré. Le nouveau
cimetière fut appelé *Atrium des hayettes* ou *haysettes* (cimetière des haies). Il servit plus tard à l'inhumation des pestiférés de la ville.

L'église St-Fiacre a été détruite en 1793. A la même
époque, la rue prit pour quelque temps le nom de *Marat*,
l'un des tribuns sanguinaires de la première révolution, qui
mourut assassiné par Charlotte Corday, le 13 juillet 1793.

— 91 —

St-GEORGES (*Rue*). — C'est la plus belle des rues de
Cambrai ; elle prend naissance à l'extrémité de la rue des
Liniers, et s'étend jusqu'aux murs de la ville, sur une lon-
gueur de 362 mètres, et une largeur moyenne de 12 mètres.
La direction en est à peu près exacte, du nord au sud.

La rue St.-Georges a conservé le nom d'une église, ayant déjà titre de paroisse sous l'épiscopat de Liébert, au XI° siècle.

Ce monument, réédifié en 1439, subsista jusqu'à l'époque de la révolution.

Dans l'ancien cimetière a été construit récemment une *Salle d'Asile*, confiée aux soins des *Sœurs de la Sagesse*.

Le petit portail de l'église St.-Sépulcre, ouvre sur la rue St.-Georges ; c'est là qu'il serait question d'élever un clocher avec une vaste chapelle, formant annexe et agrandissement de l'église métropolitaine.

Dans cette rue se trouve le *Grand Béguinage St-Georges*, sorte de refuge offert à douze vieilles femmes qui y sont logées gratuitement, et reçoivent chacune une rétribution annuelle de 12 francs et un mencaud de blé.

Le grand Béguinage St-Georges fut fondé au mois de juin 1571, par Madeleine Lequellerie, épouse de Louis Carlier, et en faveur de douze femmes, « lesquelles, dit l'acte de fondation, sont tenues de prier pour les ames des testateurs, et *signament* tous les jours d'*ung Pater* et *Ave Maria*.»

La rue St-Georges menait autrefois à la porte de ce nom, dont nous ignorons la fondation, mais qui fut voûtée en 1554, et réparée en 1581. Louis XIV la fit supprimer en 1677.

Contre le rempart, se trouve la *Cour Ruffin*, composée de six maisonnettes, et formée depuis une quinzaine d'années.

Pendant la révolution, la rue St-Georges fut appelée rue de *Voltaire*.

— 92 —

St-GÉRI (*Rue de*). — Direction, à peu près du nord-ouest au sud-est. Elle s'étend de la rue des Anglaises à la rue de la porte Notre-Dame. Longueur 159 mètres, largeur moyenne, 11 mètres.

Cette rue a du s'appeler primitivement de St-Vaast, et prendre, vers 1543, le nom de St-Géri. A cette époque, l'empereur Charles-Quint, voulant élever une citadelle, et ayant jeté ses vues sur le Mont-des-Bœufs, au sommet duquel était l'antique église de St-Géri et son monastère, fondés par le bienheureux Géri, en l'an 595, les religieux furent contraints de se retirer dans l'église paroissiale de St-Vaast, qui prit alors le titre de St-Géri. Cette église aussi fort ancienne, et que les chroniqueurs font remonter au VIIe siècle, formait l'une des plus vastes paroisses de Cambrai, ayant pour dépendances, moitié de la ville environ, et les faubourgs de Selles et du Malle. Ellebaud le Rouge, l'un des fondateurs de l'hôpital St-Julien, l'aurait fait rétablir en entier, en l'an 1070. Elle renfermait, au dire des historiens, de magnifiques tombeaux de la première noblesse du Cambresis.

La dernière église de St-Géri, qui datait de 1565, et son clocher en forme de tour, qui remontait à l'an 1508, ont été détruits pendant la révolution, et il ne reste aujourd'hui, que des fragments du mur d'enceinte.

La rue prit, à la même époque, le nom des *Braves Lillois*, en souvenir de l'héroïque défense des habitants de Lille, pendant le siège de 1792.

— 93 —

Sᴛ-JACQUES (*Rue de*). — Direction du nord-est au sud-ouest. Communique de la rue de la porte Robert à la Place-au-Bois. Longueur 42 mètres, largeur moyenne 9 mètres.

Tient son nom de l'hôpital St-Jacques dit le *Mineur*, qui y avait été fondé l'an 1231, en faveur des pauvres pélerins

En 1514, les religieuses de St.-Jacques furent en outre chargées d'aller soigner à domicile les malades pestiférés.

L'hôpital a été détruit, et la chapelle a été convertie en une brasserie qui longe la rue de l'Épine-en-Pied. On peut y remarquer encore les fenêtres en ogives, mais bouchées en maçonnerie.

En 1789, cette rue s'appelait rue des *Trois Fétus*, nom qu'elle a conservé jusqu'à l'époque où elle reprit celui de Saint-Jacques.

— 94 —

St.-JEAN (*Rue*). — Direction du nord-ouest au sud-est. Forme le prolongement de la rue des Rôtisseurs, et prend naissance à la Place-au-Bois pour joindre l'Esplanade. Longueur 117 mètres, largeur moyenne 13 mètres.

A conservé le nom de la maison hospitalière, fondée en 1150, par les époux Lambert de la Place, qui y affectèrent un héritage situé près de l'église de Ste-Marie Madeleine.

Cet hôpital fut, comme celui de St.-Julien, primitivement desservi par des frères et des sœurs qui y vivaient en deux communautés. Plus tard les frères furent supprimés, et il n'y eut plus que des religieuses.

Depuis sa réunion à l'hôpital St.-Julien, une partie des bâtiments a été appropriée d'abord au *Collége communal*, puis en 1825, à l'*École des Frères de la Doctrine Chrétienne*, fondée le 5 août 1810. D'autres constructions ont servi à l'école tenue par les *Sœurs de la Charité*, jusqu'en 1846, époque ou les classes ont été transférées à la fondation Vander-Burch. C'est actuellement une maison mère de *Sœurs Augustines*, destinées au soin des malades.

La plus vaste des salles, propriété de la ville depuis 1828, est aujourd'hui la *Bibliothèque communale*, l'une des plus riches du département en ouvrages imprimés et manuscrits.

En 1793, l'hôpital St-Jean prit le nom de *Maison de la Montagne*. A la même époque, la rue fut appelée de la *Gaîté*, et en 1825, rue de la *Bibliothèque*.

— 95 —

Sт.-JÉROME (*Rue*). — Elle se dirige du nord au sud. Prend naissance à la rue du Marché au Poisson, et se termine à la place Fénelon. Longueur 98 mètres, largeur 5 mètres.

Cette rue longeait le mur de clôture de l'ancienne abbaye de St-Aubert, dans lequel était enchâssé un St-Jérôme, dont on voit encore la niche à l'angle de la rue du Marché au Poisson.

En 1793, on l'appela rue de la *Pique*.

— 96 —

Sт.-JULIEN (*Rue de*). — Se dirige à peu près régulièrement de l'est à l'ouest pour joindre la place Ste.-Croix et la rue de Prémy. Longueur 79 mètres, largeur 7 mètres.

Tire son nom de l'*Hôpital St.-Julien*, fondé en 1071, par Ellebaud-le-Rouge, descendant des anciens comtes du Vermandois, qui avait son habitation dans un lieu contigu, nommé le *Petit Palais* ou le *Temple*.

La chapelle principale de St.-Julien avait été érigée par Hugues, doyen de Cambrai, et la consécration en avait été faite, par l'évêque Gérard, le 31 décembre 1079. Elle fut rétablie en 1347, par Robert de Coucy, chanoine de la métropole, et réparée en 1554, dans toutes ses parties. C'est le vaisseau de cette même chapelle, aux ouvertures ogivales, qui sert actuellement de salle pour les femmes malades. Le chœur seulement est resté consacré au culte ; il est séparé du reste de la nef, par une

magnifique grille en pierre bleue découpée à jour, portant
le millésime de 1541, date de son établissement.

Une autre chapelle, élevée en 1732, sur la rue du Temple,
a été convertie en salle pour les hommes malades.

Vis-à-vis l'hôpital se trouvent les bureaux de l'administration des secours publics de la ville, dont les constructions datent de 1766.

La cour qui s'étend le long de la maison de l'aumônier,
était autrefois un wareschaix connu, en 1409, sous le
nom de *ruellette de Beaurepaire* ou *Biaurepaire*, et qui s'é-
tendait jusqu'à la rue St.-Fiacre et la rue de l'Épée.

A l'opposite, dans le prolongement de la rue des Cygnes,
était, avant 1809, date de sa suppression, la *petite rue
St.-Julien*, qui débouchait sur la rue du Temple. En 1793,
on l'appela rue des *Secours*.

A la même époque, la rue et l'hôpital S.-Julien prirent
le nom de l'*Humanité*.

— 97 —

St.-LAZARE (*Rue de*).— Direction du sud-ouest au nord-
est. Longueur 156 mètres, largeur 8 mètres. Forme le
prolongement de la rue St.-Éloi, et aboutit au Marché-au-
poisson.

Il existait anciennement au pied du *mont-des-Bœufs*,
près de la porte-neuve, une léproserie connue sous le nom
d'*Hôpital-St.-Lazare*, et dont on devait l'érection, en 1116,
à l'évêque Burchard, au sire d'Oisy, châtelain de Cambrai,
et à Jean de Montmirail. Cette maison ayant été ruinée en
1477, par les soldats de Louis XI, puis de nouveau en
1554, après l'érection de la Citadelle, les religieuses de
St.-Benoît qui la desservaient, se réfugièrent à l'*Hôpital des
pestiférés*, au bas du *cimetière St.-Roch*, érigé en l'an

1545, à la suite d'une maladie pestilentielle. Elles vinrent en ville en 1572, et fixèrent leur nouvel hôpital dans la rue qui prit alors le nom de St.-Lazare.

La dernière maison de St.-Lazare datait de 1740, et l'église de 1784. Le tout fut supprimé à la révolution de 1789, à l'exception de quelques bâtiments qui servirent encore d'hôpital, pendant l'invasion du choléra, en 1832.

Depuis lors, on y a élevé un *abattoir communal*, ouvert dès le 1er juillet 1836, en exécution d'un arrêté municipal, en date du 25 novembre 1835, qui défend les tueries particulières chez les bouchers et charcutiers de la ville et de sa banlieue.

Dans cette rue se trouvent les *Écoles communales de dessin et de musique* ouvertes dans les dépendances de l'ancienne *maison des Clairisses*, dont l'entrée se trouvait au Marché-au-Poisson.

En 1793, la rue St.-Lazare fut appelée de l'*Esprit des lois*, pour rappeler l'œuvre politique de Montesquieu, qui vivait au XVIIIe siècle.

— 98 —

St.-LAZARE (*Quai*). — Longe l'Escautin, dans la direction du sud-ouest au nord-est. Fait suite à la rue St.-Éloi, et aboutit à la porte de Selles. Longueur 116 mètres, largeur moyenne 6 mètres.

Tient son nom de l'*Hôpital St.-Lazare* qui existait près de là. Ce quai était appelé anciennement *devant la rivière*, et plus tard rue du *Quai*. Les canonniers bourgeois de Cambrai y avaient autrefois leur polygonne où ils s'exerçaient au tir. La muraille du jardin porte encore des boulets enchâssés symétriquement dans la maçonnerie, pour rappeler la destination du terrain réservé.

SᴛE-MADELEINE *(Rue)*. — Direction du sud-est au nord-ouest, avec retour du sud au nord.

Tient son nom d'une église que l'on voyait naguère, en place de la choque de maison comprise entre cette rue, celle du Petit-Séminaire et la place au Bois. Longueur, 76 mètres ; largeur moyenne, 6 mètres.

 L'église de Ste-Madeleine était déjà paroissiale au XIᵉ siècle ; on en trouve la désignation dans une charte de l'évêque Liébert, de l'an 1064.

Le clocher dût être baissé de plusieurs toises, en juillet 1552, par ordre du gouverneur de la citadelle, sur le motif donné que, du sommet, l'on découvrait trop facilement dans la forteresse.

A la révolution, l'église de Ste-Madeleine venait d'être tout nouvellement réédifiée, lorsque la fureur du peuple la démolit en quelques jours.

La rue s'appelait autrefois rue des *Kayons*, 1409 ; et *Fond de la Madeleine*, 1770. Quant à la rue même de la Madeleine, elle a été, depuis la suppression de l'église, incorporée dans la place au Bois ; et les deux côtés ont pris les noms de rang des Frères-Marsy, et rang de Pierre de Francqueville.

Dans la rue actuelle, au coude, vers la rue des Rôtisseurs, se trouve le *vieux couvent de la Madeleine*, où sont logées gratuitement cinq pauvres vieilles femmes ou filles.

En 1793, la rue du Fond de la Madeleine, fut nommée rue de l'*Angle*.

— 100 —

Sᴛ-MARTIN * *(Grand'rue)*. — Direction du nord-est au sud-ouest. Prend naissance à la place d'Armes, et se termine par une petite place triangulaire qui joint la rue de

Noyon. Longueur, 132 mètres ; largeur moyenne, 5 mètres.

A conservé le nom du *beffroi* actuel de *St-Martin*, auquel était adossée une église paroissiale. Ce fut dès le commencement du VIIe siècle, une abbaye de religieuses, chargées de la garde du corps de Ste-Maxellende, massacrée au village de Caudry, le 13 novembre 670, par un jeune seigneur de Solesmes, nommé Harduin, dont elle repoussait les instances.

L'église St-Martin fut plusieurs fois incendiée : d'abord vers l'an 700, époque présumée où elle fut érigée en paroisse ; puis, à diverses autres dates moins éloignées. La partie du monument qui donnait sur la rue de Noyon, fut rebâtie en 1488, et la partie opposée, en 1504.

En 1447, on adjoignit à l'église un clocher avec quatre tourelles, au milieu desquelles s'élevait une flèche en forme torse.

Le clocher fut démoli jusqu'au milieu de sa base, les 27 et 28 août 1595, durant le siège de la ville par les Espagnols. Reconstruit les années suivantes, on dut le démonter de nouveau jusqu'au milieu, au mois de septembre 1732, parce qu'il menaçait de s'écrouler. Il fut complété en 1736, tel que nous le voyons aujourd'hui, pour servir de beffroi à la ville, qui y entretient des guetteurs chargés de répéter l'heure, d'annoncer les incendies et de signaler l'approche des troupes.

L'église a été détruite à la révolution, mais la tour a été conservée. Sa hauteur est de 61 mètres ; on compte 214 marches, à partir du sol jusqu'au logement du guetteur que l'on nomme *Gallus* (coq), symbole de la vigilance. Il y avait aussi un cimetière qui a été également supprimé.

En 1793, la Grand'rue St-Martin fut nommée rue du *Tocsin*, et en 1805, rue du *Beffroi*.

Très anciennement, 1329, on l'appelait des *Cinnes (Vicus des Cinnes dùm itur de ecclesiâ sancti Martini in forum Cameraci.)*

— 101 —

St-MARTIN (*Petite Rue*). — Direction, à peu près de l'est à l'ouest. Communique de la rue des Liniers à la grand'-rue St-Martin. Longueur 71 mètres, largeur moyenne 5 mètres.

Tient son nom du clocher et de l'église St.-Martin. (*V. grand'rue St-Martin.*)

Elle est appelée *Ruellette des Lombards St-Martin*, dans un dénombrement de la mairie de St-Sépulcre, du mois d'août 1409; en 1793, elle prit le nom de l'*Union*.

Les *Guillemins de Walincourt*, fondés dans ce village au XIIIᵉ siècle, par les seigneurs de l'endroit, avaient un *refuge* dans la petite rue St-Martin ; c'est actuellement les maisons nº 4 et 6.

— 102 —

St.-NICOLAS (*Rue*). — Direction de l'est à l'ouest. Rue large et régulière, joignant la rue des Liniers à la place St-Sépulcre. Longueur 75 mètres, largeur moyenne 16 mètres.

Tient son nom du cimetière et de l'église St-Nicolas, que l'on voyait jadis sur la rive sud, et établis antérieurement au XIᵉ siècle. Les plus anciennes chroniques rapportent que vers l'an 1060, l'évêque Liébert fit élever dans le cimetière St-Nicolas, une grande croix en fer, nommée *Croix de l'Amen*, en souvenir surnaturel, c'est-à-dire que le saint évêque se rendant de nuit avec ses familiers dans l'atrium de St-Nicolas, pour y prier Dieu pour les ames des trépassés, à ces paroles : *Animæ omnium fidelium requiescant in pace*, une voix du Ciel aurait répondu : *Amen*. De là le nom qui aurait été donné à la croix du cimetière St-Nicolas.

Naguères encore, un cabaret élevé sur l'emplacement du cimetière, portait pour enseigne une croix blanche avec ces mots : *A la Croix de l'Amen.*

L'église St-Nicolas avait été réédifiée de 1482 à 1490, par les soins de l'évêque Henri de Berghes. Elle fut rasée en 1793.

A la même époque, la rue prit le nom de *Mucius Scevola*, le célèbre conspirateur romain, l'implacable ennemi des rois, qui vivait l'an 507 avant J.-C.

— 103 —

St-NICOLAS (*Neuve Rue*). — Direction, de l'est à l'ouest. Fait suite à la rue du Petit Séminaire, et aboutit à la place St.-Sépulcre. Longueur 89 mètres, largeur moyenne, 8 mètres.

Cette rue est de nouvelle formation ; elle fut ouverte depuis la révolution de 1789, entre l'église de St-Sépulcre conservée, et l'église de St-Nicolas démolie. (Voir grand'-rue St-Nicolas.)

— 104 —

St-POL* (*Rue).* — Direction, sud-est au nord-ouest. Commence à la grand'rue Vander-Burch, et finit à la rue des Capucins. Longueur 63 mètres, largeur 8 mètres.

A conservé le nom de l'ancien *Hôtel St-Pol*, construit par Loys de Luxembourg, comte de St-Pol, lequel fut exécuté comme traître, en place de Grève, le 19 décembre 1475.

L'hôtel St-Pol est célèbre dans nos annales par la paix

qui y fut négociée le 6 juillet 1529 , par Louise de Savoie ,
mère de François Ier, et Marguerite d'Autriche , tante de
Charles-Quint. Ce traité de paix fut depuis appelé la *Paix
des Dames.*

Louise de Savoie , logea'à l'hôtel St-Pol, tandis que Marguerite d'Autriche prit possession de l'abbaye de St-Aubert,
qui n'était séparée de l'hôtel que par la rue du Marché au
Poisson. On établit alors une galerie aérienne formant
communication entre les deux habitations.

L'hôtel St-Pol qui comprenait *une maison , jardin, grange
et appendances*, fut la propriété du roi Henri IV, qui la
vendit à Jean de Béthencourt, le 15 avril 1605.

Cet hôtel a été divisé, et forme aujourd'hui trois habitations particulières. La porte d'entrée en ogive a été conservée.

En 1793 , la rue St-Pol , fut momentanément appelée rue
du *Courage.*

— 105 —

St-SÉPULCRE * *(Place)*. — Cette place, très petite, sert de
dégagement à l'église métropolitaine et à l'archevêché ; elle
joint les rues de Noyon et de la porte St-Sépulcre.

Tient son nom de la chapelle élevée en 1047 , par l'évêque Gérard de Florine , hors des murs de Cambrai, sur
l'emplacement d'un cimetière établi pour l'inhumation des
nombreuses victimes d'une épouvantable famine qui déso-
lait la cité. St-Liébert , à son retour d'un pélerinage en
Terre-Sainte , remplaça cette chapelle par une église dont
il fit la consécration le 28 octobre 1063 , et y annexa un
monastère qui fut appelé du St-Sépulcre. Ce prélat voulant
mettre sa nouvelle fondation à l'abri des pillards qui ne se
faisaient aucun scrupule de dévaster églises et monastères, fit

reculer les murailles de la ville, de manière à comprendre le St-Sépulcre dans son enceinte.

L'abbé Courtois, vers l'an 1490, fit reconstruire l'église. Un autre abbé, Antoine Grisel, fit faire un clocher, supprimé vers la fin du siècle dernier. Le chœur fut renouvelé par l'abbé Antoine Fourvies, de 1599 à 1602. La façade de l'église fut élevée en 1703, par l'abbé Marbaix.

Dans la chapelle de droite se trouve la célèbre image de Notre-Dame de Grâce, patronne de Cambrai, qui ornait l'ancienne métropole depuis l'an 1440, époque où elle fut apportée de Rome, par l'archidiacre Furcy de Bruylle. Dans cette même chapelle et dans l'autre dite *des Trépassés,* se voient huit magnifiques tableaux en grisaille, tirés de la vie du Seigneur. Ces toiles ont été peintes sur place de 1756 à 1760 d'après Rubens, par J. Geraert, d'Anvers. Dans la sacristie se trouve une neuvième grisaille du même auteur, le Christ en croix.

Dans la chapelle située au chevet de l'église, est le monument érigé à Fénelon. Il fut achevé au mois de septembre 1823, la statue le fut dans le courant de 1825, et l'inauguration en eut lieu le 7 janvier 1826, jour anniversaire de la mort de l'illustre archevêque. Ce monument est dû au ciseau de David d'Angers.

L'on doit au même artiste la statue du monument provisoire élevé à la mémoire de l'évêque Belmas et adossé au chœur de l'édifice. L'inauguration en eut lieu le 22 juillet 1848.

Tout contre l'église, actuellement métropolitaine, est le *Palais archiépiscopal*, formé des constructions de l'ancienne abbaye de St-Sépulcre.

A l'extrémité de la place, se trouvait une grande croix en fer, fixée dans une gresserie, et sur laquelle on lisait incisées, les quatre lettres T. I. S. S., signifiant *Terminus Jurisdic-*

tionis Sancti-Sepulcri. Il y avait aussi, au coin parallèle à la croix, un pilori signe de la *haute justice* qu'avait l'abbaye dans son enclos. La croix et le pilori furent supprimés en 1793.

A la même époque, l'église fut convertie en *Temple de la raison*, et la place fut appelée *de la Liberté.*

— 106 —

Sᴛ-VAAST *(Grand'rue).* — Direction du nord-est au sud-ouest, dans sa plus grande étendue ; et de l'ouest à l'est, dans son retour. Prend naissance à la jonction des rues de St-Pol et de Vander-Burch, et aboutit à la petite rue St-Vaast. Longueur développée, 191 mètres ; largeur moyenne, 8 mètres.

Tire son nom de l'*église St-Vaast* qui y fut élevée lorsque Charles-Quint s'étant emparé, en 1545, du monastère de St-Géri au Mont-des-Bœufs, pour y élever une citadelle, les chanoines de St-Géri, choisirent pour se retirer, l'église primitive de St-Vaast qui existait dans la rue actuellement nommée de St-Géri. Les religieux de St-Vaast furent alors contraints d'abandonner leur église, et d'en faire construire une autre dans une rue peu éloignée, qui prit le nom de St-Vaast.

Auprès de l'entrée principale du temple se trouvait le *Béguinage*, fondé d'abord en 1223, au faubourg de Cantimpré, et ruiné en 1531, pendant les guerres de François Iᵉʳ et de Charles-Quint. Il avait, depuis cette époque, été transféré rue St-Vaast. Les béguines furent dispersées à la première révolution.

On trouvait encore dans cette rue la maison des *vieux hommes de St-Paul,* qui s'étendait jusqu'à la rue des Capucins. Elle avait été fondée par Claude de Hennin, seigneur de Quérénaing, qui en fit acquisition l'an 1574. Cette maison fut, en 1752, réunie à l'hôpital général de la Charité, rue Ste-Elisabeth. On a construit, de 1782 à 1785, sur son emplacement, le *Grand magasin* aux vivres.

La grand'rue St-Vaast se nommait autrefois, simplement rue St-Vaast, et la partie qui fait retour à angle droit, rue des *Waranges*.

On appelait *Waranche* au XVe siècle, la *garance* ou le *rubia tinctorum*. La garance formait alors une des branches d'industrie du pays.

En 1793, la grand'rue St-Vaast, prit le nom de *Chalier*.

— 107 —

St.-VAAST (*Petite Rue*). — La direction en est à peu près du sud au nord. Commence à la grand'rue Vander-Burch, et finit à la rue des Blancs-Linceuls. Longueur 148 mètres ; largeur à son départ, 6 mètres, à son extrémité, 10 mètres.

Tient son nom de l'ancienne église de St-Vaast, démolie en 1793, et qui avait son entrée principale sur la grand' rue St-Vaast.

Dans la petite rue St-Vaast se trouve la porte d'entrée du service des *secours à domicile*, et celle d'une *salle d'asile*, établis tous deux dans les dépendances de la fondation Vander-Burch.

Il y avait autrefois, vers le milieu de cette rue, un conduit couvert, étroit et tortueux, qui aboutissait à une sorte de wareschaix, nommé *Cour de la Choulette*. Ce cloaque insalubre, pourtant habité, a été supprimé depuis une vingtaine d'années ; il a été incorporé dans les maisons voisines.

La propriété qui porte aujourd'hui le n° 12, s'appelait

anciennement la *maison des Portelettes*, (des petites portes.)

Un plan de Cambrai, dont la formation n'est pas anté-rieure au XVIIIᵉ siècle, donne à la petite rue St-Vaast, le nom des *Blancs-Linceuls;* en 1793, il fut remplacé par celui de *Mably*. (V. rue des Blancs-Linceuls.)

— 108 —

. SÉMINAIRE *(Rue du Grand)*. — Direction, sud-est au nord-ouest. Part de la place St-Sépulcre, et aboutit à la rue de l'Épée. Longueur, 137 mètres ; largeur 8 mètres.

Tire son nom du *Séminaire* établi par les Jésuites sur l'emplacement de *l'hôtel de Jacques d'Anneux*. Les pères Jésuites furent appelés à Cambrai en octobre 1562 , et ou-vrirent leurs classes en mai 1564.

Chassés de la ville en 1580 , par le baron d'Inchy qui en était gouverneur , les pères Jésuites se retirèrent à Douai et à Valenciennes. Ils rentrèrent après la reddition de la place aux troupes espagnoles en 1595. L'archevêque Van-der-Burch légua à ces religieux des sommes considérables qui leur permirent d'ériger des classes et une belle église , la même que l'on voit de nos jours, et qui fut achevée en 1692.

L'établissement des Jésuites fut transformé pendant la révolution , en *Tribunal révolutionnaire*. Vendu comme do-maine national, l'on en fit plus tard une *poste aux chevaux,* et l'église servit de magasin à fourrage.

' La rue prit , en 1805 , le nom *de la Poste aux Chevaux*, nom qu'elle a conservé jusqu'à l'époque encore récente ou l'évêque Belmas fit acquisition de cette vaste propriété pour la rendre à sa destination primitive. L'église fut aussi rendue au culte le 4 novembre 1838.

En 1793 , la rue fut appelée *de l'Education*. Auparavant

c'était la rue des *Jésuites* ou du *Collège*. En 1220, on la nommait rue de *Nicolas Grumelier;* et en 1409, rue du *Riez*. Il y avait une croix en pierre appelée aussi du **Riez**.

— 109 —

SÉMINAIRE (*Rue du Petit*). — Rue large, bien percée, dans la direction du nord-est au sud-ouest, prenant naissance à la Place-au-Bois, et se terminant à la jonction des rues des Liniers et de St-Georges. Longueur 227 mètres, largeur moyenne, 9 mètres.

Tire son nom du *Séminaire*, élevé en 1813, et années suivantes, sur l'emplacement de la maison d'éducation dite *Congrégation des Filles dévotaires de St.-Antoine de Padoue*, fondée en 1707, par une Demoiselle Duchâteau, de Valenciennes. C'était un pensionnat de jeunes filles placé sous la direction de seize religieuses, et autorisé par lettres patentes de juin 1752,

Fut appelée, 1373, 1409, rue *Dame Maissent le Vinière*, (*Vicus Dame Maissent le Vinière*, *aliàs vocatus le Cachebeuvons*). Rue *Scache Beuvons*, 1585, 1787, parce qu'elle était voisine du Mont des Bœufs. En 1789, on l'appela rue de la *Comédie*, à cause d'une sorte de grange qui y servait de *Théâtre*.

Les *Carmes déchaussés*, à leur arrivée à Cambrai, en 1653, après avoir résidé rue des Liniers, habitèrent quelque temps la rue *Scache Beuvons*. Ils se fixèrent enfin rue *Grand'Cauchie*, qui prit alors le nom de rue des Carmes.

En 1793, la rue de la *Comédie*, nom qu'elle portait alors, fut appelée rue de *Molière*, de l'inimitable auteur dramatique qui vivait au XVIIe siècle.

— 110 —

SŒURS DE LA CHARITÉ (*Rue des*). — Se dirige du

sud-ouest au nord-est, et forme le prolongement de celle de Vaucelettes, pour aboutir à la rue St-Fiacre. Longueur 81 mètres, largeur moyenne, 6 mètres.

Sur le pignon de la maison n° 13, qui fait face au rempart, on voit sculpté sur pierre, un pélican, symbole de la tendresse maternelle. Dans cette vaste habitation furent logées les *Sœurs de la Charité*, à leur arrivée à Cambrai, où elles furent engagées, suivant acte passé le 21 juin 1702, entre le Magistrat de la cité et la communauté des filles de la charité, établie au faubourg St-Lazare, de Paris.

En 1793, elle fut appelée de la *Constitution*. Ce nom fut donné aux rues réunies des Sœurs de la Charité et de Vaucelettes.

— 111 —

SOTTES (*Rue des*). — Direction à peu près du nord au sud. Prend naissance à la rue St-Fiacre, et s'étend le long de l'ancien cimetière de ce nom, jusqu'au rempart. Longueur 70 mètres, largeur moyenne, 5 mètres.

Appelée en 1793, rue de la *Sagesse*.

— 112 —

SOUPIRS *(Rue et allée des)*. — Direction principale, du sud-est au nord-ouest. Commencent à la rue St-Georges et aboutissent à l'ancienne *Porte-Neuve*. Longueur totale 151 mètres.

Le nom des *Soupirs*, s'explique par le voisinage de l'Esplanade, et par les diverses maisons mal famées qu'on y rencontre, mais qui n'en font point le plus bel ornement.

Fut appelée en 1649, rue *Nœuve Croisie*, ainsi qu'on le voit par un titre portant acquisition de « toute une maison, cour, cellier, lieu, pourpris, tenant à l'héritage Melchior

Prevost, d'autre à l'héritage Jean Domise, et par derrière au *presbytère et maison pastorale* de St-Georges. »

La *Porte Neuve*, supprimée depuis 1677, était nommée aussi *Porte de Berlaymont* parce qu'elle portait au fronton, les armoiries de cet évêque qui en avait ordonné une réparation majeure. On l'appelait encore *Porte St-Ladre* ou de *St-Lazare*, du nom de l'*hôpital des Lépreux* auquel elle menait, et qui était situé *extrà-muros*, au pied du Mont-des-Bœufs. Cet établissement hospitalier subsista jusqu'en 1554, époque où les religieuses qui le desservaient, vinrent se fixer au faubourg de St-Roch. Elles rentrèrent en ville en 1572, et firent construire une nouvelle léproserie dans la rue qui prit dès lors le nom de St-Lazare.

Au-dessus de l'ancienne porte Neuve, se trouve un magasin à poudre d'une assez grande capacité.

En 1793, la rue et l'Allée des Soupirs, furent nommées rue des *Amants*, et Allée des *Amis*.

— 113 —

TANNERIES *(Rue des)*. — Formée de petites maisons habitées par les gens du peuple, et dont la direction est du nord au sud. Fait suite à la rue Ste-Barbe, et aboutit à la rue de la porte Cantimpré. Longueur, 60 mètres ; largeur, 4 mètres.

Le nom des *Petites Tanneries*, que cette rue portait déjà en 1256, fait connaître qu'elle renfermait les établissements de cette nature.

Appelée, en 1793, rue *Thionville*, en souvenir de la courageuse défense de la ville de ce nom contre les Prussiens, qui ne purent s'en rendre maîtres en 1792. C'était aussi la patrie du fameux conventionnel Merlin de Thionville.

— 114 —

TAVELLE. *(Rue)*. — Rue étroite, marchande et très fréquentée, ouverte dans la direction de l'ouest à l'est. Prend naissance à la rue Quérénaing, et aboutit à la place d'Armes. Longueur, 93 mètres ; largeur moyenne, 5 mètres.

Son nom est écrit *Taviel* dans un titre des Chartriers de l'an 1251, et *Taveau*, en 1574. On lit dans la première édition des coutumes de Cambrai, imprimées à Douai, cette annotation : « *On les vend à Cambray, chez Guillaume Robat, libraire, demeurant au coing de la rue Taveau, sur le Marché.* »

Dans des temps moins reculés fut appelée rue de la *Mercerie*, parcequ'elle était spécialement habitée par les marchands merciers.

A conservé son nom pendant la première révolution.

— 115 —

TEMPLE *(Rue du)*. — Se dirige du sud-est au nord-ouest. Prend naissance à la place Ste-Croix, et se termine à la rue des Récollets. Longueur, 148 mètres ; largeur moyenne, 10 mètres.

Dans cette rue, se trouvait l'habitation d'Ellebaud-le-Rouge, fondateur de l'*hôpital St-Julien* au XIe siècle. Cette maison nommée le *petit palais*, et le *Temple* par la suite, devint la propriété de ce pieux établissement.

La rue a conservé le nom du *Temple*, mais rien ne prouve que l'habitation d'Ellebaud-le-Rouge, ait servi de refuge a quelque fraction de l'ordre religieux et militaire des *Templiers*, dont la vaste association se répandit dans toutes les contrées de l'Europe, depuis l'an 1128, date de sa création, jusqu'en 1314, époque de sa ruine.

Le temple fut démoli en 1781 ; une tour qui en faisait partie existe encore dans la maison n° 5.

Le long de la rue du temple , on remarque d'épaisses et hautes murailles soutenues par des jambes de force. Elles formaient la limite du *Château* , lieu fortifié dans la ville même , et qui comprenait dans son enceinte , outre la ca-thédrale , le palais de l'évêque et l'abbaye de St-Aubert. Le château fut , le 6 septembre 1148 , le foyer d'un vaste incendie qui ne s'éteignit que le second jour , faute d'ali-ment ; l'église cathédrale fut ruinée de fond en comble.

En 1793 , la rue du Temple fut appelée rue de *Jean-Jac-ques Rousseau.*

— 116 —

TILVASSON (*Rue*). — Cette rue de peu d'importance , est percée dans la direction du sud-ouest au nord-est , et fait communiquer de la rue des Anglaises à la rue de la Clochette. Longueur 50 mètres , largeur 5 mètres.

Elle fut nommée aussi rue des *Archers* , et rue de la *Grange* , à cause d'un magasin au grain qui y existe encore. En 1793 , on l'appela rue de *Corneille* , poëte tragique , surnommé le père de la tragédie française , et qui vivait au XVII° siècle.

— 117 —

TROIS-PIGEONS (*Rue des*). — Direction à peu près de l'est à l'ouest , forme la continuation de la rue de la Herse , et débouche sur la Grand'Place , rang de l'Hôtel-de-Ville. Longueur 43 mètres , largeur 11 mètres.

Comme beaucoup d'autres rues , elle tient son nom de l'enseigne d'une maison de commerce , dite les *Trois Pi-geons.*

En 1793, fut appelée rue de la *Justice* , parce qu'elle

aboutissait près du lieu où l'on avait élevé l'instrument sanglant de la guillotine, ou *glaive de la justice*.

— 118 —

VACHES (*Rue des.*) — Direction du nord au sud, avec retour de l'ouest à l'est. Prend naissance à la rue St-Fiacre, et aboutit à la rue de la porte St-Sépulcre. Longueur 111 mètres; largeur moyenne, 5 mètres.

S'appelle rue des Vaches, parce qu'elle fut de tout temps habitée par les *noretiers*, ou éleveurs de vaches et marchands de laitages.

Est écrit rue des *Vacques*, dans un dénombrement de la mairie de St-Sépulcre, du mois d'août 1409.

Nommée en 1793, rue des *Mères Nourrices*.

— 119 —

VANDER-BURCH (*Grand'rue*). — Direction, sud-est au nord-ouest. Fait suite à la rue des Fromages, et se termine à la rue du Marché-au-Poisson. Longueur 142 mètres, largeur moyenne 12 mètres.

Tient son nom de la *maison fondée par l'archevêque Vander-Burch*, de septembre 1626 à 1629, pour l'éducation des filles pauvres natives de Cambrai, du Câteau et des villages d'Ors et de Câtillon. Elle fut élevée dans un lieu appelé *terrain* et *maison de Lours* (par corruption *terrain aux ours*), sur l'emplacement même de l'ancien *Hôpital St--Vaast*, réuni en l'an 1220, à l'*Hôpital St.-Jean-Baptiste*.

La propriété de *Lours*, était en 1542, une brasserie avec « maison, jardin, lieu, pourpris et héritage. » Il y avait une ruelle nommée rue des *Bassées*, qui aboutissait à l'église St.-Géri et à la rue de l'Arbre-à-Poires.

Naguères, la rue s'appelait de *Ste.-Agnès*, à cause des

sœurs institutrices de cet ordre chargées de la direction de la maison Vander-Burch depuis 1631 jusqu'au 28 mars 1842, jour où elles furent remplacées par les Sœurs de St.-Vincent-de-Paule.

On voit dans la chapelle de Vander-Burch le tombeau de l'illustre fondateur, mort à Mons le 23 mars 1644. Ce tombeau, d'abord élevé dans cette dernière ville, fut transporté à Cambrai, le 5 mai 1779. Il fut rétabli sur les dessins de M. l'architecte de Barralle, qui dirigea l'entière restauration des bâtiments, ordonnée en 1844 et 1845.

Sur le rang opposé se trouvent les anciennes *petites boucheries*, sorte de hangars en bois, construits par un sieur Michel Leleu, et dans lesquels, dès le 17 février 1581, le Magistrat de la ville permit aux bouchers qui avaient l'habitude de vendre jusqu'alors à Cantimpré, « d'y débi- » ter leur viande dans *douze maisons* ou *hobettes*, joignant » les murs de St.-Aubert et descendant vers l'hôtel- » St.-Pol. »

Les petites boucheries ont été abandonnées depuis une quinzaine d'années, et les bouchers vendent la viande dans leurs domiciles.

Une maison de cette rue, qui portait anciennement le Nº 579, est appelée *La Monnaie*, dans un vieil acte de transaction.

En 1793, la rue Ste.-Agnès prit quelque temps le nom de rue de *Lucrèce*, pour rappeler cette héroïque et vertueuse femme qui, ne pouvant plus supporter la vie après avoir été déshonorée par Sextus, fils de Tarquin-le-Superbe, se donna la mort, l'an 509 avant J.-C. On sait que cet évènement fut la cause de l'expulsion des Tarquins de Rome, et de la substitution du gouvernement républicain au gouvernement monarchique.

— 120 —

VANDER-BURCH (*Petite rue*). — Direction du sud au nord. Commence à la Place Ste.-Croix, et se termine à la place Fénelon. Longueur 52 mètres, largeur 8 mètres.

Cette rue a été percée depuis la destruction de l'église métropolitaine. On lui a donné le nom du bienfaisant archevêque Vander-Burch, qui occupa le siége de Cambrai de 1616 au 23 mars 1644, date de sa mort. (Voir Grand'rue Vander-Burch.

— 121 —

VAUCELETTES (*Rue de*). — La direction en est du sud-ouest au nord-est, pour joindre la Place Ste.-Croix et la rue des Sœurs de la Charité dont elle forme le prolongement. Longueur 124 mètres, largeur moyenne 6 mètres.

Tire son nom d'une maison dite le *refuge de Vaucelles,* que les religieux de cette abbaye y firent construire sous l'abbatiat de Gilles de Nobescourt, en 1526, et qui leur servait de refuge pendant les guerres du moyen-âge.

Il y avait une chapelle dédiée à St.-Bernard, qui posa la première pierre de l'abbaye de Vaucelles, fondée en 1131, par Hugues d'Oisy, seigneur de Crèvecœur et châtelain de Cambrai. Cette chapelle, de style ogival, existe toujours quoique retirée au culte ; elle est située au second étage de la maison Nº 8.

Contre cette propriété se trouve depuis l'année courante, 1850, le nouveau cloître des *Clairisses*, d'abord situé au Marché-au-Poisson, puis Grand'rue Fénelon, au coin de la rue d'Inchy. (Voir ces deux rues.)

La rue de Vaucelettes est citée dans un livre aux partitions des prébendes de la collégiale de Ste.-Croix, de l'an 1242. On la trouve écrite *Vauchelettes* dans un dénombrement de la mairie de St.-Sépulcre, du mois d'août 1409.

En 1793, on appelait rue de la *Constitution*, les rues réunies des Sœurs de la Charité et de Vaucelettes.

— 122 —

VIERGE-MARIE (*Rue de la*). — Se dirige du sud-ouest au nord-est. Fait suite à la rue St.-Fiacre, et aboutit à la rue du Grand-Séminaire. Longueur 78 mètres, largeur moyenne 7 mètres.

Un cabaret qui, depuis 1750, porte pour enseigne *La Vierge-Marie*, lui donna son nom. Auparavant, c'était la rue de l'*Arbre;* elle est désignée de cette manière au 27 avril 1568, qu'on commenca de la paver pour diriger les eaux d'une partie de la ville par le *Kétivier*, ou rue St.-Fiacre.

A la première révolution, elle fut appelée rue de la *Paternité*.

FIN.

TABLE

RUES, ANCIENNES ET MODERNES.

A.

	N° des Rues
Aiguille, *rue de l'*.	1
Alarme, *impasse de l'*	2
Amants, *rue des*.	112
Amis, *allée des*	112
Amitié, *rue de l'*	4
Amour, *préau d'*.	34
Amour-Filial, *rue de l'*	10
Anes, *rue des*	4
Ange, *rang de l'*	8
Auge, *rue de l'*	3
Anges *rue des*	4
Archers, *rue des*.	116
Anglaises, *rue des*.	5
Angle, *rue de l'*.	99
Anvers'*rue,*	19
Arbre, *rue de l'*.	122
Arbre-à-Poires, *rue de l'*	6

	N° des Rues.
Arbre de la Liberté, *rue de l'*	7
Arbre-d'Or, *rue de l'*	7
Archevêché, *rue de l'*	45
Armes, *place d'*.	8
Arras, *rue d'*	69
Aubelen, *rue du pont à l'*.	58
Aubencheul, *rue d'*	10
Aurengères, *impasse des*.	55

B.

Balances, *rue des*.	9
Banches, *grand'rue aux*.	10
Banches, *petite rue aux*.	11
Basoches, *rue des*	30
Bassées, *rue des*	119
Beaurepaire, *ruellette de*	96
Bellottes, *rue des*.	42
Bibliothèque, *rue de la*.	94

NOTA. Le numéro de renvoi n'est pas celui de la pagination, mais bien le numéro d'ordre des Rues. L'Abréviation *intr.* est mise pour Introduction.

Bienfaisance, *rue de la* 57

Blancs-Linceuls, *rue des* . 13. 107

Blanches-Nappes, *rue des* . . . 13

Bleuettes, *rue des* 14

Bollengrie, *rue* 82

Bois, *place au* 15

Bombe, *rang de la* 15

Bon-Air, *rue du* 63

Bonheur, *rue du* 2

Bonne-Foi, *rue de la* 55

Bonnet-Rouge, *rue du* 23

Bons-Enfants Capets, *rue des* . 74

Boucheries, *rang des* 15

Bouchers, *rue des* 16

Bourreaux, *rue des* 48

Braves-Lillois, *rue des* 92

Brebison, *rue de* . . . . *intr.*

Brutus, *rue de* 13

Burière, *rue le* . . . . *intr.*

C.

Cache-Beuvons, *rue* 109

Caille, *rue de la* 17

Calvaire, *rue du* 71

Candillies, *rue des* 18

Candillons, *rue des* 18

Cantillons, *rue des* 18

Canonnes, *rue des* 22

Capoix, *cour* 73

Cappitaux, *rue des* . . . . . *intr.*

Capucins, *rue des* 19

Capucins, *rue neuve des* . . . 20

Carmes, *rue des* 21

Caton, *rue de* 41

Cauchie, *rue grand'* 21

Caudrelier, *rue le* 25

Chaines, *rue des* 37

Chanoines, *rue des* 22

Chapeau-Bordé, *rue du* 24

Chapeau-Vert, *rue du* 23

Charpentiers, *rue des* 15

Chaudronniers, *rue des* . . . 25

Chaufours *rue des* 26

Chef-St.-Jean, *rue du* 28

Chevaux, *rue aux* 27

Chevaux, *petite rue aux* . . . 27

Choulette, *cour de la* 107

Cimetière-du-Fanatisme 87

Cinnes, *rue des* 37

Cinnes-St-Martin, *rue des* . . . 100

Clefs, *rue des* 28

Cloche, *rang de la* 8

Clocher-St.-Géri, *rue du* . . . 29

Clochette, *rue de la* 30

Cocarde-Nationale *rue de la* . . 40

Coillet, *rue de la porte* 71

Collége, *rue du* 39.108

Comédie, *rue de la* 109

Comète, *rang de la* 15

Commerce, *rang du* 8

Confiance, *rue de la* 47

Constitution, *rue de la* . . 110.121

Contrat-Social, *rue du* 44

Cope-Drap, *rue du* 33

Corbeaux, *rue des* 31

Cordeliers, *rue des* 80

Cordiers, *rue des* 32

Corneille, *rue de* 116

Coulet, *rue de la porte* 71

Coupe-Drap, *impasse du* . . . 33

Coupe-Oreille, *impasse du* . . 34

Courage, *rue du* 104

Crocul, *rue* 60

Croke-Poul, *rue* 60

Crollecul, *rue* 60

Croisettes, *rue des.* 35
Croix-à-Poteries, *rang de la.* . . 44
Croix-aux-Pains, *rang de la.* . . 8
Croix-aux-Riez, *rue de la* . . . 108
Curé, *rue du* 36
Cygnes, *rue des.* 37

D.

Dame-de-Noyon, *rue de la* . . 64
Dame-Maissent-le-Vinière, *rue.* 109
Démocratie, *rue de la.* 79
Dés, *impasse aux* 38
Déprétrisée, *rue.* 37
Devant-la-Rivière, *rue.* 98
Drapiers, *rang des* 8
Droits-de-l'Homme, *rue.* 83

E.

Echarpe, *rue de l'.* 24
Ecoles, *rue des* 23.39
Ecoles-Chrétiennes, *rang des.* . 15
Ecole-Nationale, *rang de l'* . . 15
Ecu-de-France, *rue de l'.* . . . 40
Ecu-d'Or, *rue de l'* 41
Education, *rue de l'.* 108
Egalité, *rue de l'* 69
Emelot-de-Caudry, le-Maïeur,
    rue d' . . . .*intr.*
Emile, *rue d'.* 52
Entrepont, *rue d'* 80
Epée, *rue de l'* 42
Epine-en-Pied, *rue de l'.* . . . 43
Epoux, *rue des* 71
Escaut, *rue de l'* 88
Escolle, *rue de l'* 83
Esplanade de la Citadelle . . . 44
Espoullemande, *rue de l'* . . .*intr.*

Esprit-des-Lois, *rue de l'* . . 89.97
Evêché, *rue de l'* 45

F.

Faisceau-National, *rue du.* . . 28
Farvacques, *rue de* 47
Fénelon, *grand'rue.* 45
Fénelon, *petite rue* 84
Fénelon, *place* 46
Ferrons, *rue des.* 70
Fervacques, *rue de* 47
Feutriers, *rue des.* 48
Fleur-de-Lys, *cour de la* . . . 88
Fond de St-Jacques, *rang du.* . 46
Fond de St-Jean, *rang du* . . . 44
Fond de St-Georges, *rang du* . 44
Force, *rue de la.* 77
Four Chapitre. *rue du* 41
Four, *rue du petit.* . . . . . .*intr.*
Four-de-St-Sépulcre, *rue du* .*intr.*
Franche, *rue de.* 64
Franchise, *rue de la.* 48
Franklin, *rue de.* 18
Francqueville, *rang Pierre de.* 15
Fraternité, *rue de la* 73
Frères Marsy, *rang des.* . . . 15
Fromages *rue des* 49
Froumages, *marché as* 49
Frugalité, *rue de la.* 6
Fulbert, *rue* . . . .*intr.*
Fumiers, *rue aux.* 50

G.

Gaîté, *rue de la* 94
Génération, *place de la* 46
Génie-Français, *rue du* 3
Glaive, *rang du.* 8

Grisiel, *rue* . . . . *intr.*
Grumelier, *rue de.* 108
Guillaume Tell, *impasse de.* . . 61

H.

Hamel, *rue du.* 77
Hazard, *rue du* . . . . *intr.*
Herse, *rue de la.* 51
Hôpital, *rue de l'* 88
Hôtel-de-Ville, *rang de l'* . . . 8
Humanité, *rue de l'* 96

I.

Inchy, *rue d'* 52
Industrie, *rang de l'.* 8
Insurrection, *rue de l'.* 88

J.

Jacobins, *rue des* 85
Jean-Jacques Rousseau, *rue* . 115
Jean-le-Fort, *rue* 53
Jésuites, *rue des.* . . . . . . , 108
Juifs, *rue des* 54
Justice, *rue de la* 117
Juys, *rue des* 54

K.

Kaitivier, *rue du* . . , ... 90
Kayons, *rue des* 98
Kokerelmont, *rue.* . . . . . . *intr.*
Koillet, *rue de la porte.* . . . 71

L.

Larmes, *impasse des* 2
Lepelletier, *rue de* 19
Liberté, *rue de la* 72
Linguières, *impasse des* 55
Liniers, *rue des.* 56

Lion-d'Or, *rang du* 8
Listes, *rue des.* . . . . *intr.*
Lombards, *rue des* 57
Lombards-de-la-Madeleine, *rue
des* 57
Lombards-St-Martin, *ruellette
des* 101
Lucrèce, *rue de* 119
Luppart, *rue du* . . . . *intr.*
Lycurgue, *rang de* 44

M.

Mably, *rue de* 13,107
Madeleine, *rang de la.* 15
Madeleine, *rue de la* 99
Magasin, *rue du grand* 19
Maissent-le-Vinière, *rue dame* . 109
Mal ou Mail, *rue du.* 70
Marat, *rue de* 90
Marché-au-Poisson, *rue du.* . . 58
Marché, *le grand* 8
Marché, *le petit* 45
Marsy, *rang des frères* 15
Marie-le-Sauvaige, *rue de* . . *intr.*
Marteaux, *rue des.* 70
Maseaux, *rue des* 7
Mercerie, *rue de la* 114
Mères-Nourrices, *rue des* . . . 118
Midi, *rang du* 8
Mirabeau, *rue de* 19
Miracles, *impasse aux* 59
Mitre-Renversée, *rue de la* . . 45
Molière, *rue de* 109
Monstrelet, *rue de* 60
Montagne, *rue de la.* 70
Mont-de-Piété, *rue du.* 57
Montesquieu, *rue de.* 85

Mucius-Scevola, *rue de* 102
Moulins, *rue des* 66
Murs, *rue des* . . . .*intr.*

N.

Nattes, *impasse aux*. 61
Neuf, *rang* 15
Neuve, *rue* 62
Neuve-Tour, *rue de la*. 63
Nicolas Grumelier, *rue de* . . . 108
Nœuve-Croisie, *rue*. 112
Nord, *rang du* 8
Notre-Dame, *place* 46
Noyon, *rue de*. 64
Noyon, *rue de la dame de* . . . 64

O.

Olives, *impasse aux*. 65
Oranghières, *impasse des* . . . 55
Orphelines, *rue des*. 14

P.

Paix, *rue de la* 67
Pan, *rue du* 66
Paon, *rue du* 66
Paris, *rue de* 64
Paris, *rue de la porte de* . . . 72
Paternité, *rue de la* 122
Patriotisme, *place du*. 34
Pécheurs, *rue des*. 68
Pérard de Paillencourt, *rue de. intr.*
Pétenghier, *rue* . . . .*intr.*
Petit Marché 45
Petit Prémy, *impasse du*. . . 75
Petites Tanneries, *rue des*. . . 113
Petite Taverne, *rue de la*. . .*intr.*
Philantrophie, *rue de la* . . . 27

Philosophie, *rue de la*. 54
Pique, *rue de la* 95
Pipon, *l'rue* . . . .*intr.*
Pissonniers, *rue des*. . . . . , 68
Pochonets, *rue des*. 67
Poissonniers, *rue des*. 68
Pont-à-l'Aubelen, *rue du* . . . 45
Porte d'Arras, *rue de la*. . . 69
Porte Cantimpré, *rue de la*. . 69
Porte de Douai, *rue de la*. . . 73
Porte Notre-Dame, *rue de la*. 70
Porte Robert, *rue de la* . . . 71
Porte St.-Sépulcre, *rue de la*. 72
Porte de Selles, *rue de la* . . 73
Poste-aux-Chevaux, *rue de la*. 108
Poulets, *rang aux*. 8
Pourceaux, *rue des*. 17
Préau d'Amour. 15
Prémy, *rue de*. 74
Prémy, *impasse de*. 75
Prés-d'Espagne, *rue des* . . . 76
Prison, *rue de la*. 76
Puits-à-Chaînes, *rang du*. . . 8
Purifiées, *rue des*. 5
Putimuche, *rue de*. . . . . .*intr.*

Q.

Quartier civique, *le*. 75
Quartier de Cavalerie, *rue du*. 86
Quérénaing, *rue de*. 78
Questiviez, *rue du*. 90

R.

Raison, *place de la*. 46
Ratelots, *rue des*. 79
Récollets, *rue des*. 80
Régulus, *rue de*. 31

République, *rue de la*	. . . .	22
Révolution, *rue de la*	. . . .	80
Riez, *rue du*	. . . , . . .	108
Romains, *rang des*	. . . . .	8
Rome, *rang de*	. . . .	8
Rose, *impasse de la*	. . . .	81
Rotelets, *rue des*	. . , , . .	79
Rôtisseurs, *rue des*	. . . . .	82
Rousseau, *rue Jean-Jacques*	. .	115
Ruffin, *cour*	. . . .	91

S.

Sagesse, *rue de la*	. . . . .	111
St.-Adrien, *rue*	. . . .	83
Ste.-Agnès, *rue*	. . . . . .	119
Ste.-Anne, *rue*	. . . .	84
St.-Aubert, *rue*	. . . .	85
Ste.-Barbe, *rue*	. . . .	86
Ste.-Barbe, *rang de*	. . . .	8
Ste.-Croix, *place*	. . . . . .	87
Ste.-Élisabeth, *rue*	. . . . .	88
St.-Éloi, *rue*	. . . .	89
St.-Fiacre, *rue*	. . . .	90
St.-Georges, *rue*	. . . . . .	91
St.-Georges, *petite rue*	. . .	36
St. Géri, *rue*	. . . .	92
St.-Géri, *rue du clocher*	. . .	29
St.-Jacques, *rue*	. . . . . .	93
St.-Jacques-en-Bollengrie, *rue*		82
St.-Jean, *rue*	. . . .	94
St.-Jean, *rue de la porte*	. .	73
St.-Jérôme, *rue*	. . . .	95
St.-Julien, *rue*	. . . .	96
St.-Julien, *petite rue*	. . . .	96
St.-Lazare, *rue*	. . . .	97
St.-Lazare, *quai*	. . . . . .	98
Ste.-Madeleine, *rue*	. . .	15-99

St.-Martin, *grand'rue*	. . . .	100
St.-Martin, *petite rue*	. . . .	101
St.-Nicolas, *rue*	. . . . . ,	102
St.-Nicolas, *rue neuve*	. . . .	103
St.-Pol, *rue*	. . . .	104
St.-Sauveur, *rue*	. . . . . .	69
St.-Sépulcre, *place*	. . . . .	105
St.-Vaast, *grand'rue*	. . . .	106
St.-Vaast, *petite rue*	. . . .	107
Sapin, *place du*	. . . . . .	86
Sans-Culottes, *rue des*	. . .	21
Scache-Beuvons, *rue*	. . . .	109
Secours, *rue des*	. . . . . .	96
Séminaire, *rue du grand*	. . .	108
Séminaire, *rue du petit*	. . .	109
Sobriété, *rue de la*	. . . . .	62
Socrate, *rue de*	. . . . . .	17
Sœurs de la Charité, *rue des*		110
Solon, *rang de*	. . . .	44
Sottes, *rue des*	. . . .	111
Soupirs, *rue et allée des*	. . .	112
Spartiates, *rang des*	. . . .	8
Surveillance, *rue de la*	. . .	60

T.

Tanneries, *rue des*	. . . . . .	113
Taveau, *rue*	. . . .	114
Tavelle, *rue*	. . . .	114
Taverne, *rue de la Petite*	. *intr.*
Taviel, *rue*	. . . .	114
Temple, *rue du*	. . . .	115
Thionville, *rue de*	. . . . .	113
Tilvasson, *rue*	. . . .	116
Tournioles, *rue de*	. . . . .	*intr.*
Tranquillité, *cour de la*	. . . .	18
Travail, *rue du*	. . . . . .	38
Trois-Fétus, *rue des*	. . . .	93

Trois-Pigeons , *rue des*. . . . 117

Trompette , *rue de la*. 30

Trou-d'Enfer , *le* 86

Trou-Pierrot , *le* 65

Truans , *rue des* 37

U.

Union , *rue de l'*. 101

V.

Vaches , *rue des* . . . : . , , 118

Vacques , *rue des* 118

Valenciennes , *rue de*. 70

Vander-Burch , *grand'rue* . . 119

Vander-Burch , *petite rue* . . 120

Vaucelettes , *rue de*. 121

Vauchelettes , *rue de*. 121

Vérité , *rue de la* . . . . . , 59

Verte , *place* 46

Vertu , *rue de la*. 12

Vessenghier , *rue*. . . . . . . *intr*.

Vieillards , *rue des*. 10

Vierge-Marie , *rue de la*. . . 122

Viésiers , *rue des*. 77

Voltaire , *impasse de*. 76

Voltaire , *rue de* 91

W.

Waranches , *rue des*. . . : . . 106

T A B L E

DES

MONUMENTS, ANCIENS ET MODERNES.

MONUMENTS RELIGIEUX ET FONDATIONS PIEUSES.

	N° des rues		N° des rues
Abbaye de Cantimpré	69	Cimetière Notre-Dame	70
— de Prémy	74	— Ste-Croix.	87
— de St-Aubert. . *intr.*	85	— St-Éloi.	89
-- de St-Martin. . *intr.*	100	— St-Fiacre.	90
— de St-Sépulcre. *intr.*	105	— St-Georges	91
Atrium des Hayscttes.	90	— St-Nicolas	102
Béguinage Cantimpré.	106	— St-Roch	97
— de la Madeleine. .	1	— St-Sépulcre.	72
— Notre-Dame	19	Couvent des Anglaises.	5
— St-André	5	— des Capucins	19
— St-Georges (grand)	91	— des Carmes	21
— St-Georges (petit). .	10	— des Clairisses . 43.58.121	
— St-Nicolas.	5	— des Cordeliers	80
— St-Vaast.	5	— des Dominicains . . 69.88	
Calvaire de la Porte-Robert. .	71	— de Lille	84
Capelette du grand Marché. .	8	— de la Madeleine (vieux)	99
Chapelle du St-Sépulcre . . .	105	— des Récollets.	80
Chapelles souterraines	7.15	Croix de l'*Amen*. . . . , . .	102
Clocher de Notre-Dame. . . .	46	— au Riez	108
Cimetière du Fanatisme. . . .	87	— aux Pains.	8

Croix à Poteries 44

— du St-Sépulcre. 105

Descente de Croix, par Rubens 85

Église métropol. de N.-D. . *intr.* 85

— de St-Sépulcre. 105

Église de St-Géri, au Mont-
des-Bœufs. . . . *intr.* 92

— de St.-Pierre. 85

Église paroissiale de St-Aubert. 85

— de Ste-Croix. . . 87

— de Ste-Élisabeth. 88

— de St-Georges . 91

— de St-Géri . . 92

— de Ste-Madeleine. 99

— de St-Martin . . 100

— de St-Nicolas. . 102

— de St-Sauveur. . 69

— de St-Vaast. . . 106

Église particulière de St-Éloi. . 89

— de St-Fiacre. 90

Flèche de Notre-Dame.. . . . 46

Grand Béguinage St-Georges. . 91

Grand Séminaire 80

Grisailles du St.-Sépulcre. . . 105

Hôpital général de la Charité. . 88

— St-Jacques-en-Boulen-
grie, ou le *Majeur.* . 82

— St-Jacques le *Mineur.* . 93

— St-Jean 94

— St-Julien 96

— St-Lazare. 97.112

— des pestiférés de St-Roch 97

Image miraculeuse de la Vierge 105

Maison des communs pauvres. 58

— des Chartriers. 75

— des Filles de St-Antoine-
de-Padoue. 109

Maison de l'Humanité. 96

— de la Montagne . . . 94

— des Orphelins et des
Orphelines 5.14

— des Pauvres du Marché-
au-Poisson. 88

— des Prud'hommes, ou
Pauvres impotents de
St-Pierre en-Bèvres. . 69

— de Ste-Agnès 119

— de Ste-Anne 4.84

— de St-Eustache 88

— des secours à domicile. 107

— des vieilles femmes de
St-Vaast 88

— des vieux hommes de
St.-Paul 19.106

Monastère de Cantimpré . . . 80

— de St-Géri . . . *intr.* 92

— de St Médard et de
St-Loup . . . *intr.* 92

Monument Belmas 105

— de Fénelon 105

— de Vander-Burch. . 119

Palais archiépiscopal 105

Paroisses anciennes . . . . . *intr.*

Petit Palais. 115

Petit Séminaire. 109

Presbytère de St-Georges. . . 36

Refuge d'Anchin. 19

— des Guillemins de
Walincourt. 101

— d'Honnecourt. 67

— du Mont-St-Martin. . 44

— St-André, du Câteau. . 80

— de Vaucelles 121

Séminaire (Grand) 80.108

Séminaire (Petit) . . . . . . 109 | Temple de la Raison 105
Temple (Le). . . . . 115 | Vieux couvent de la Madeleine. 99

MONUMENTS CIVILS.

	N° des rues			N° des rues
Abattoir communal. , ...	69	— des Pauvres (Grande). .		15
Abreuvoirs.	58.66.88	— Quérénaing		78
Aqueduc St-Sépulcre.	72	— des Sœurs de la Charité.		94
Arbres de la Liberté	8	Flot de Kayère. . . . ,	intr.	3.8
Autel de la Patrie	8	— St-Géri	intr.	
Beffroi St-Martin.	100	Fosse au Pouilleul.		38
Bibliothèque communale. . .	94	Four-Chapitre.		41
Bretèque (La).	8	Glacière de la ville.		5
Boucheries (Grandes). . . .	15	Grand Béguinage St-Georges. .		91
— (Petites).	119	Grandes Boucheries		15
Bureaux de la Garde nationale.	8	Grande école des Pauvres. . .		15
— de la Mairie.	8	Grande Justice		38
— de l'Octroi	8	Halles (les)		8
Carrières de la Place-d'Armes.	8	Halle au lin, hallettes au drap.		8
Caves, à la bière, à l'eau-de-vie.	8	Hôtel de la Bombe.		15
Collége des Bons-Enfans Cappets	74	— du Chapeau-Vert		24
— communal	80.94	— de l'Epervier.		3
— des Fratres ou Jéroni-		— d'Incy ou d'Inchy		52
mites.	74	— de Jacques d'Anneux . .		108
— des Guillemins	74	— du Lion-d'Or		8
— Majoris ou Lemaire .	89	— de Marly.		89
Division de la ville en sections,		— St-Pol.		104
sous la première république	intr.	— de-Ville		8
Ecoles des Frères de la Doctrine		Hôtellerie de Ste-Barbe		8
chrétienne. . . 15.94		Inscription, rue de l'Arbre-à-		
— communales de Dessin,		Poires.		6
de Musique . . ,	97	— porte Notre-Dame.		70
École Dominicale.	75	Jardin des Archers		38
— mutuelle des Filles . .	46	— des Canonniers bourgeois	98

Jardin des Olives   65
Justice (la grande)   38
Minck au poisson   58
Mairie   8
Maisiel commun.   15
Maison d'Arrêt   77
 — du Bregier. 45.58
 — du Miroir   69
 — de la Monnaie 113
 — des Portelettes 107
 — de Rome.   8
 — de St-Adrien·   4
 — des Valeureux   74
 — Ville de ou de Paix. . .   8
Maisons de Prêts sur gages . .   57
Martin et Martine (statues de)   8
Mont-des-B. et de St-Géri *intr.* 92
Mont-de-Piété   56
Musée communal   8
Octroi communal   8
Petit béguinage St-Georges . .   10

Petites Boucheries. 119
Plans de Cambrai . . . .*intr.*
Pré ou Préau d'Amour. . .*intr.* 15
Ponts sur l'Escaut, à l'Aubelen.
 — des Amoureux. . . 37.58.66
Prison civile   77
Puits à chaînes   8
 — Kalrin.   4
 — Manelin.   52
Salle d'asile, place au Bois. . .   15
 —   St-Georges   91
 —   St-Julien.   37
 —   Vander--Burch . . 107
Salles de spectacles . . . 46.76.109
Souterrains du château de Selles   73
 — de la place d'Armes   8
Tables de prêts   57
Théâtres 46.76.109
Tribunal révolutionnaire . . . 108
Tribunaux   8
Trou-Pierrot sur l'Escautin . .   65

MONUMENTS MILITAIRES.

Carré de Paille   5
Caserne du Carré de Paille . .   5
 — de Gendarmerie. . . .   69
 — d'Infanterie.   69
Citadelle . . . . *intr.* 43
Château (le). 85.115
Château (le petit)   52
 — de Cantimpré   69
 — de Selles.   73
Grand Magasin aux vivres . . .   19
 — Quartier de cavalerie. .   58
Hôpital militaire.   73

Magasin au fourrage   80
 — aux vivres (Grand). .   19
Magasin à poudre. . . . 72.74.112
Noms des faubourgs sous la première république. . . . . .*intr.*
Petit Château (le)   52
Quartier des Arbalétriers . . .   58
 — de cavalerie.   58
 — du Collége   89
 — de St-Pierre   69
Porte d'Arras   69
 — de Berlaymont. 112

Porte Cantimpré 69
— Coulet, Coillet ou Koillet 71
— d'Entrepont. 69
— de l'Egalité. 69
— de la Liberté 72
— du Mal. 70
— de la Montagne 70
— Neuve 112
— Notre-Dame. 70

— de Paris 72
— Robert. 71
— St-Géri. 70
— de St-Ladre. 112
— de St-Lazare 112
— de St-Sauveur. 69
— St-Sépulcre 72
— de Valenciennes 70

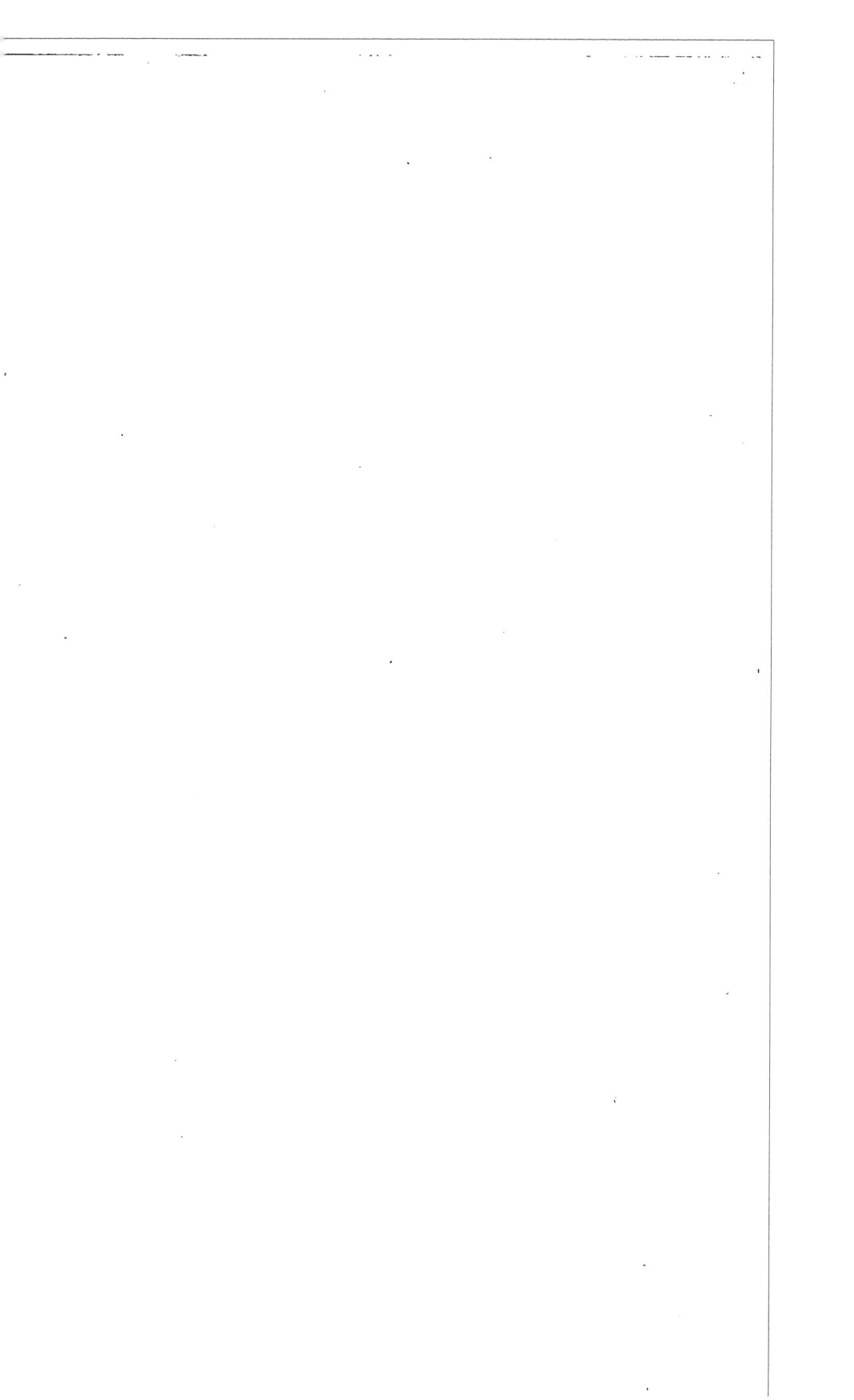

www.ingramcontent.com/pod-product-compliance
Lightning Source LLC
Chambersburg PA
CBHW052118090426

42741CB00009B/1860